Sekundarstufe

Rudi Lütgeharm

LEICHTATHLETIK

für Kinder & Jugendliche

- Staffeln
- Hürdenlauf
- Hangsprung
- Dreisprung
- Flop & Straddle
- Stabspringen
- Speerwurf
- Schleuderball
- Kugelstoßen

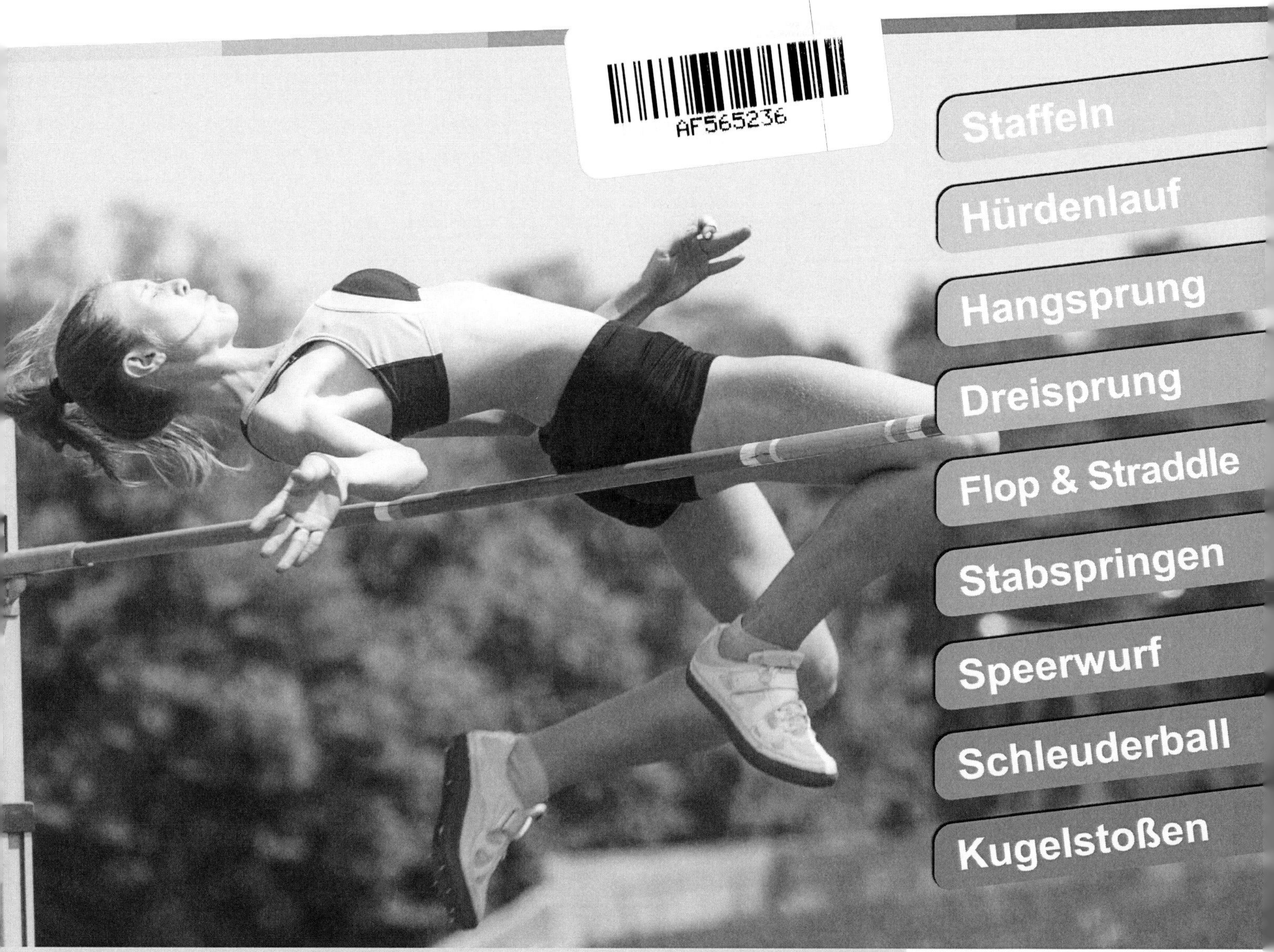

- Method. Übungsreihen mit Differenzierung
- Neue Disziplinen lernen und üben
- Wertungstabellen zur Notenfindung

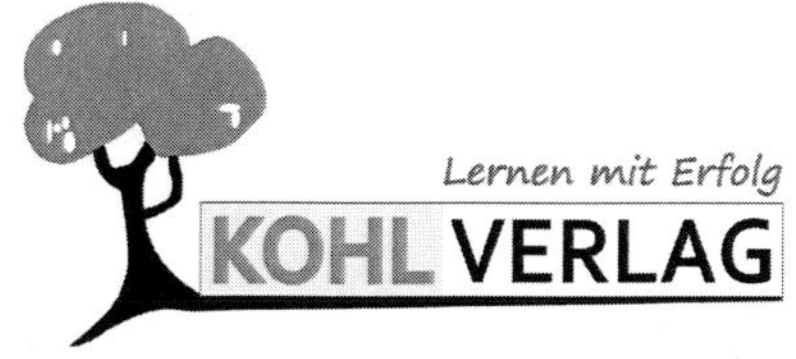

www.kohlverlag.de

Leichtathletik für Kinder & Jugendliche

Sekundarstufe

4. Auflage 2024

Inhalt: Rudi Lütgeharm
Illustrationen: Scott Krausen
Umschlagbild: © Olexandr - AdobeStock.com
Redaktion: Kohl-Verlag
Grafik & Satz: Eva-Maria Noack & Kohl-Verlag
Druck: farbo prepress GmbH, Köln

Bildquellen:

Seite 4: © sportpoint - AdobeStock.com (2x), © nenetus - AdobeStock.com; **Seite 5**: © Jacob Lund - AdobeStock.com (2x), © Cavan - AdobeStock.com; **Seite 6**: © Wolfilser - AdobeStock.com, © rozmarin - AdobeStock.com; **Seite 8**: © muchmania - AdobeStock.com (2x), © rozmarin - AdobeStock.com, © nenetus - AdobeStock.com; **Seite 9**: © Jacek Chabraszewski - AdobeStock.com, © Alexandra - AdobeStock.com, © pacer180 - AdobeStock.com, © Cavan - AdobeStock.com, © AS Photo Project - AdobeStock.com; **Seite 10**: © muchmania - AdobeStock.com; **Seite 12**: © Alexandra - AdobeStock.com, © UrbanExplorer - AdobeStock.com; **Seite 15**: © Jacek Chabraszewski - AdobeStock.com; **Seite 21**: © nenetus - AdobeStock.com, © sportpoint - AdobeStock.com; **Seite 22**: © nenetus - AdobeStock.com, © Plutho - Wikimedia.org, © sportpoint - AdobeStock.com; **Seite 25**: © Plutho - Wikimedia.org; **Seite 26**: © davit85 - AdobeStock.com; **Seite 27**: © Jacek Chabraszewski - AdobeStock.com; **Seite 40**: © Dirima - AdobeStock.com

Literatur:

- Ehrler W. Dr./Liebscher C.: Leichtathletik – Anleitung für den Übungsleiter, Sportverlag Berlin 1984
- Heymann N./Leue, W.: Lernen im Sport mit methodischen Reihen, Baltmannsweiler: Pädagogischer Verlag Burgbücherei Schneider 1986
- Kern, U./Söll W.: Praxis und Methodik der Schulsportarten, Verlag Karl Hofmann, Schorndorf 1997
- Kirsch A./Koch, K.: Band 11 - Methodische Übungsreihen in der Leichtathletik, Verlag Karl Hofmann, 1974
- Koch, K.: Band 9 – Methodische Übungsreihen in der Leichtathletik, Verlag Karl Hofmann, 1974
- Lütgeharm, R.: Band 3 - Sekundarstufe – Stundenbilder Sport – Bewegung, Spiel und Spaß durch und mit Leichtathletik, Kohl Verlag Kerpen 2001
- Lütgeharm, R.: Kleine Spiele im Sportunterricht, Kohl Verlag 2011
- Lütgeharm, R.: Spiel & Spaß an und mit Turngeräten, Kohl Verlag Kerpen 2006
- Lütgeharm, R.: Grundschule - Leichtathletik für Kinder & Jugendliche, Kohl Verlag Kerpen 2019
- Meinel, K./Schnabel G.: Bewegungslehre – Sportmotorik, Südwest Verlag 2004
- Söll, W.: Sportunterricht – Sport unterrichten, Verlag Karl Hofmann, Schorndorf 1996

Bestell-Nr. 12 345

ISBN: 978-3-96624-018-5

Inhalt

Seite

Leichtathletik für Kinder & Jugendliche
SEKUNDARSTUFE – Bestell-Nr. 12 345
KOHL VERLAG

1 Vorwort / Einführung

„Gängige" Grundformen festigen und neue Disziplinen erlernen

Liebe Kolleginnen, liebe Kollegen,

die Sekundarstufe I[1] umfasst die Schuljahrgänge 5-10, die Inhalte der Grundschule werden vertieft und in erheblichem Umfang ausgebaut bzw. erweitert, **das gilt auch für den Sportbereich**. Im Mittelpunkt des Sportunterrichts der Sekundarstufe mit dem Schwerpunkt „Leichtathletik" steht das Üben, Festigen und Formen der in der Grundschule[2] erlernten Bewegungsabläufe/Techniken (Schrittweitsprung, Schersprung, Flop, Schlagwurf) und die begonnene Weiterentwicklung der allgemeinen konditionellen und koordinativen Fähigkeiten.
Darüber hinaus sollte (muss) im Sekundarbereich I neben den genannten „gängigen" leichtathletischen Disziplinen aus den Bereichen Lauf, Sprung und Wurf der Blick

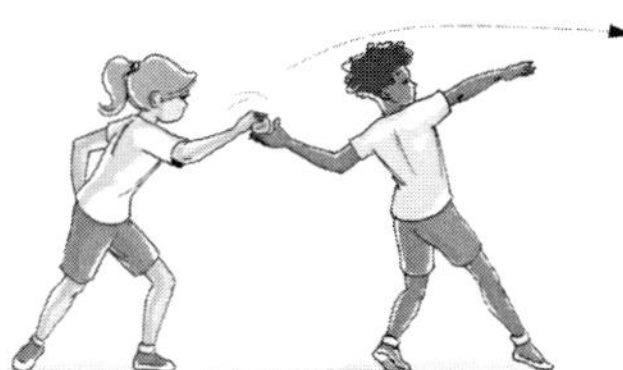
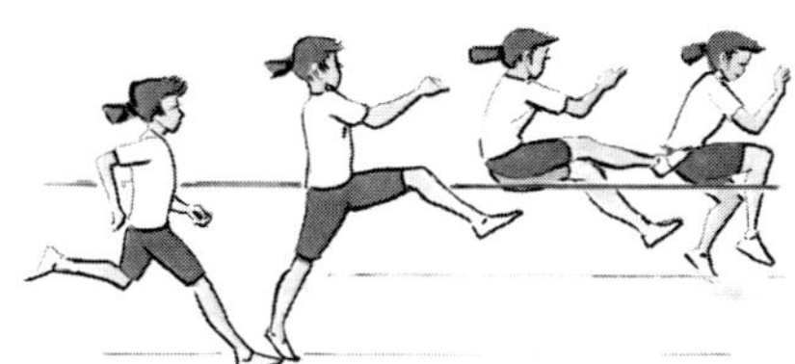
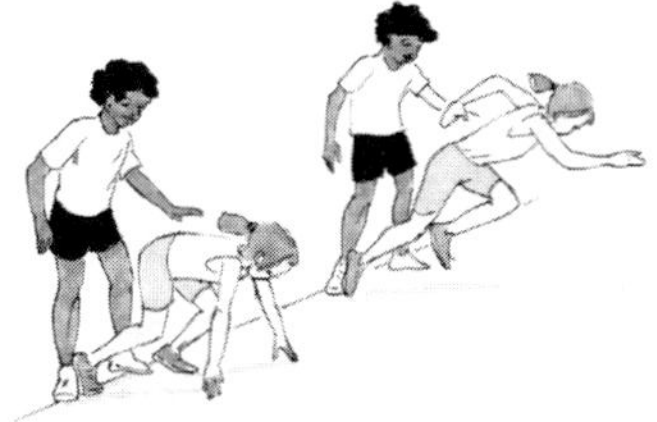

auf bisher nicht berücksichtigte Disziplinen gerichtet werden, z.B. u.a. auf den Speerwurf, den Hürdenlauf, das Stabspringen, den Schleuderballwurf und das Kugelstoßen.

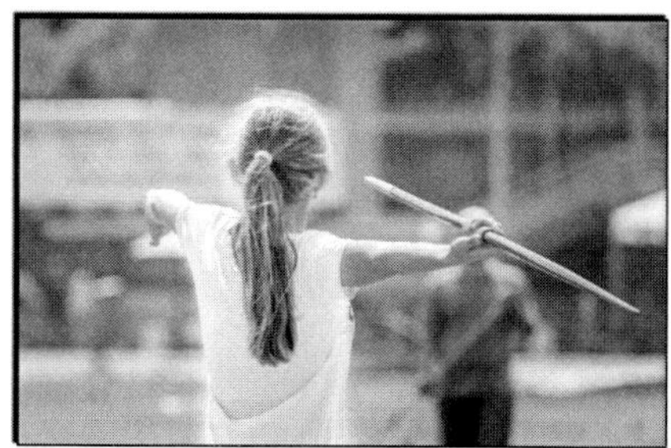
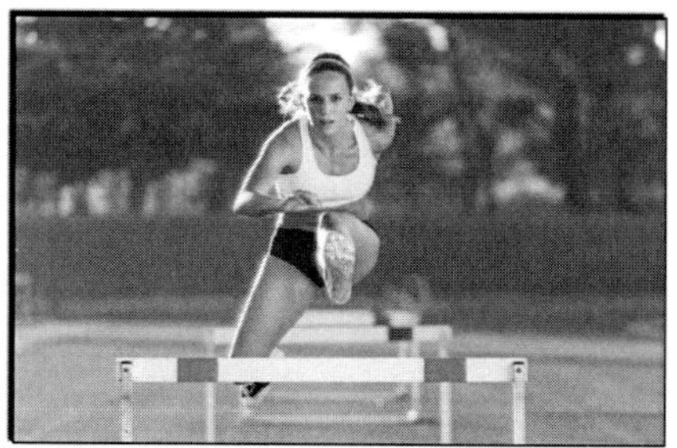
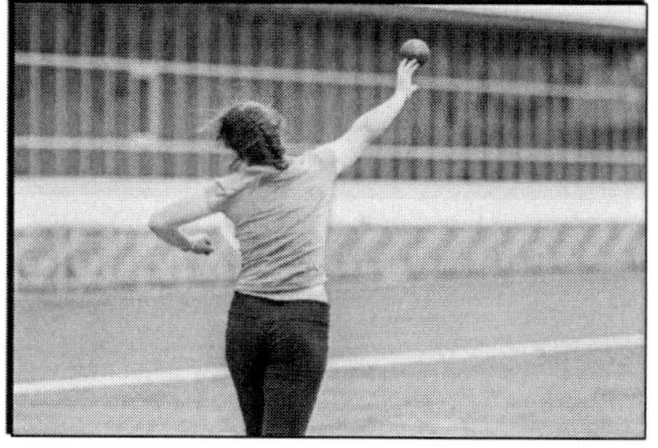

Das Kennenlernen dieser Disziplinen wird sich förderlich auf das Interesse und die Motivation der Schüler auswirken. Gleichzeitig wird vom Sportlehrer erwartet, dass er die neu zu erlernenden Bewegungsabläufe methodisch gut aufbereitet und kleinschrittig vermittelt. Bei den Wurf- und Stoßdisziplinen müssen besondere Sicherheitsaspekte eingeplant und berücksichtigt werden.

- Dieses Buch zeigt die Vielfalt der Leichtathletik und macht deutlich, dass für jeden Schüler der Sekundarstufe durch die große Anzahl der Disziplinen „etwas dabei ist".
- Die in der Grundschule erlernten leichtathletischen Grundformen werden angewandt und erweitert. Es schließen sich speziell vorbereitende Übungen an, um die neuen Zielübungen schneller zu erreichen.
- Den Abschluss bilden anschaulich erprobte methodische Übungsreihen, die kleinschrittig und unter Berücksichtigung der individuellen Voraussetzungen den Weg zur Zielübung aufzeigen.

Dieses Buch stellt die Vielzahl der leichtathletischen Disziplinen in den Mittelpunkt des Sportunterrichts. Die speziell vorbereitenden Übungen und die methodischen Übungsreihen unterstützen den Lehrer bei der Planung der Sportstunden und ermöglichen den Schülern schnelle Erfolgserlebnisse.

Viel Spaß bei der Erprobung und praktischen Anwendung der neuen leichtathletischen Disziplinen wünschen der Kohl-Verlag und

Rudi Lütgeharm

[1] *Die Sekundarstufe I bezeichnet die sogenannte „mittlere Schulbildung", also die Zeit zwischen der fünften und der zehnten Klasse.*
[2] *Lütgeharm R.: Grundschule – Leichtathletik für Kinder & Jugendliche, Kohl-Verlag 2019*

2 Leichtathletik ist „Sport an sich“

Leichtathletik im Sportunterricht der Sekundarstufe ist „Sport an sich“, weil sie
... die elementaren Bewegungsfähigkeiten/Grundtätigkeiten schult und trainiert;
... ein interessantes und vielseitiges Übungsangebot (viele Disziplinen) bietet;
... mit ihren koordinativen und konditionellen Beanspruchungen Basis-„Zulieferer“ für jede andere Sportart ist.

Grundlage der Leichtathletik sind Alltagserfahrungen mit den Grundtätigkeiten Laufen, Springen und Werfen. Aufbauend auf vielfältigen Bewegungserfahrungen werden grundlegende leichtathletische Techniken/Bewegungsabläufe erlernt und geübt.

In diesen Übungs- bzw. Trainingsstunden erfolgt immer auch eine Schulung und Verbesserung der konditionellen und koordinativen Fähigkeiten der Schüler, damit beinhaltet die Leichtathletik auch eine wichtige „**Zulieferfunktion**“ für alle anderen Sportarten (nach Söll).

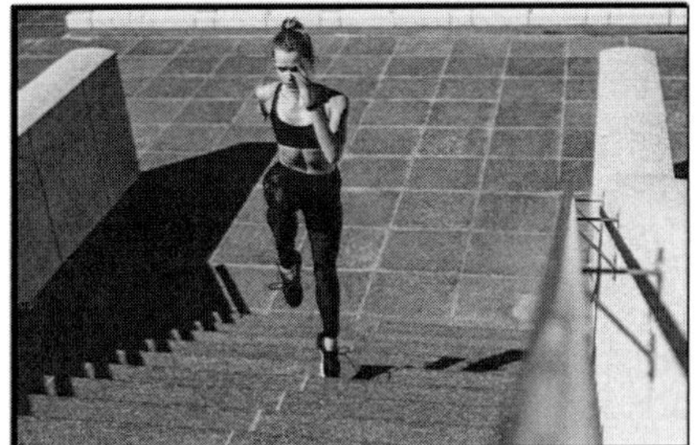

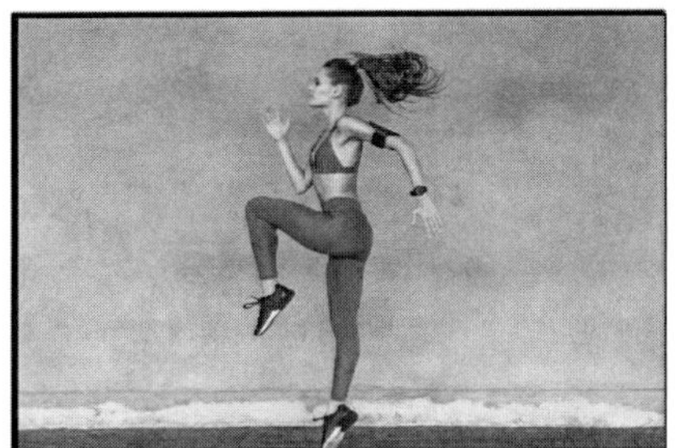

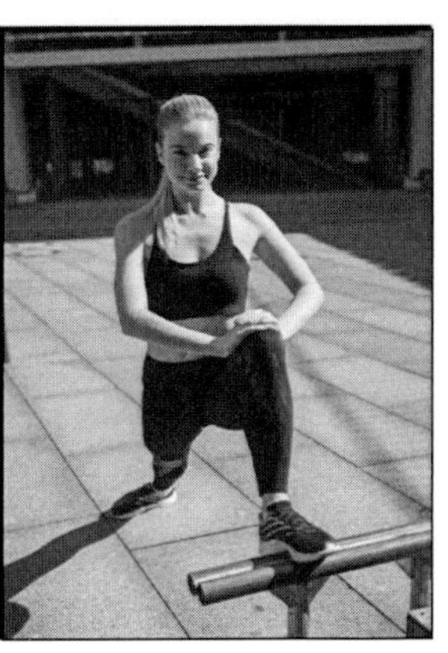

In der Leichtathletik geht es im Wesentlichen darum, möglichst ...

- **schnell oder ausdauernd zu laufen;**
- **weit oder hoch zu springen;**
- **weit zu werfen oder zu stoßen;**

und dies immer wieder zu tun, um darin immer besser zu werden. Dieser Leistungs- und Trainingsaspekt ist für die Leichtathletik konstitutiv (grundlegend), sie ist darin „Sport an sich“.[1]

Sie stellt eindeutige und genau definierte Forderungen: Wer höher springen will, muss durch Training seine Sprungkraft verbessern; wer beim 1000 m Lauf mithalten will, muss so lange trainieren, bis Herzminutenvolumen und Muskelstoffwechsel dies ermöglichen. So einfach und direkt sind die Zusammenhänge.[2]

Die o.g. Punkte gelten natürlich auch für den Sportunterricht in der Sekundarstufe. Es reicht eben nicht aus, über eine erprobte methodische Übungsreihe „schnell mal“ die Grobform (z.B. die Drehwurftechnik mit Schleuderball oder die Hangsprungtechnik im Weitsprung) zu erlernen, sondern es müssen weitere Sportstunden folgen, in denen die erlernten Techniken gefestigt und geformt werden, wobei es ganz wichtig ist, dass diese „Übungs“-Stunden abwechslungsreich und interessant durch den Sportlehrer gestaltet werden.

Schüler der Sekundarstufe sollten den Blick „über den Rand“ wagen und sich bewusst werden, welchen gesamtsportlichen und gesundheitlichen Wert die Leichtathletik an sich und für jeden einzelnen Schüler beinhaltet.

Die folgende Übersicht bietet den Schülern (der Klassen 7-10) Anregungen zur Diskussion und sollte den Bezug zu den leichtathletischen Disziplinen herstellen. Der Sportlehrer muss dafür den richtigen Zeitpunkt wählen, z.B. in der Pause nach einer starken Belastung oder am Ende der Sportstunde.

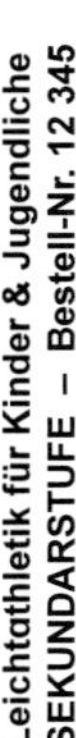

[1] *Söll, W./Kern, U.: Praxis und Methodik der Schulsportarten, S. 149*

[2] *Söll, W.: Sportunterricht – Sport unterrichten, S. 333*

2 Leichtathletik ist „Sport an sich"

Das schließt ein vertiefendes, anderes Befassen mit dem bisher Gelernten ein.[1]
Damit die Leichtathletik für Schüler der Sekundarstufe interessant bleibt (oder wird), muss der Blick aber über die bekannten „gängigen Bewegungsabläufe" hinausgehen und auch auf die bisher nicht berücksichtigten Disziplinen gerichtet und die Frage der Umsetzung im Unterricht beantwortet werden. In der Sekundarstufe sollte die Schulleichtathletik durch folgende Disziplinen erweitert bzw. ergänzt werden:

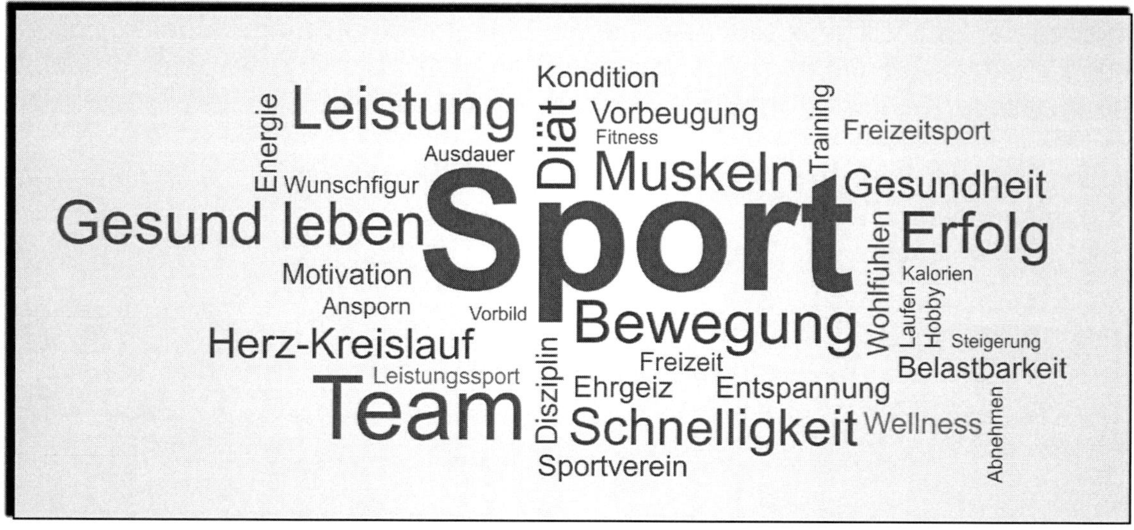

- Hürdenläufe
- Drei-Springen
- Stab-Springen
- Drehwurftechnik beim Schleuderball
- Kugelstoßen[2]
- Auch das Speerwerfen darf hierbei nicht vergessen werden.

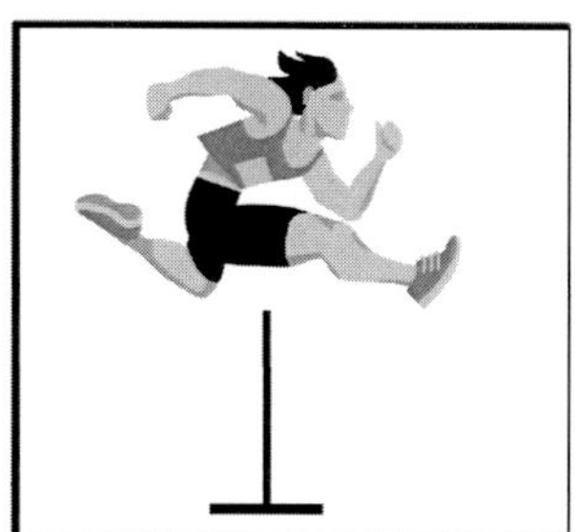
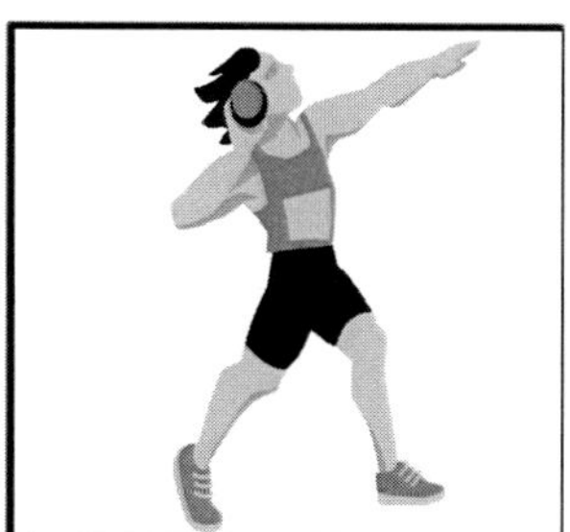
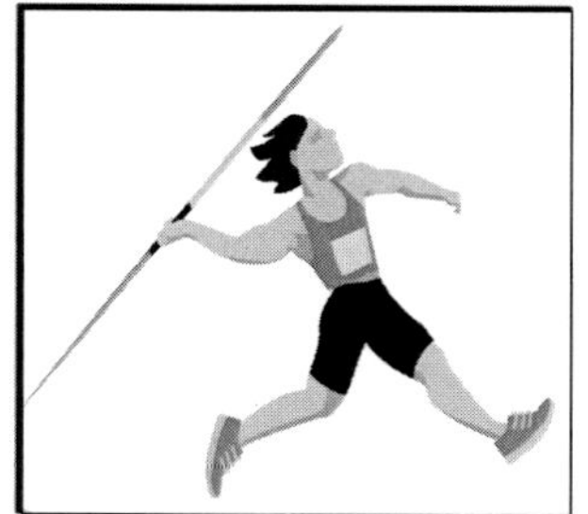
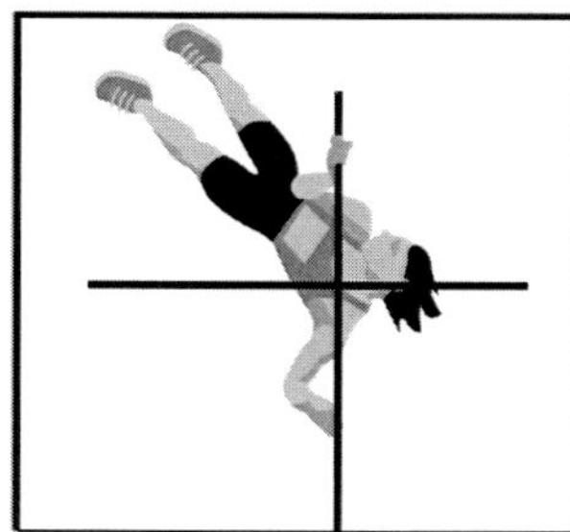

Die Leichtathletik an sich ist eine Sportart für Individualisten, bietet mit den Staffeln aber auch Platz für Teamsportler.

- Dieses Buch bietet umfassende Hilfen und macht Vorschläge für einen interessanten Leichtathletikunterricht mit erweiterten Angeboten für Schüler der Sekundarstufe.
- Speziell vorbereitende Übungen dienen der Vorbereitung der neu zu erlernenden leichtathletischen Disziplinen.
- Es folgen erprobte methodische Übungsreihen zum Lernen und Üben der „neuen" leichtathletischen Disziplinen mit Ausblick zum Üben und Festigen.

---

[1] *Freistaat Sachsen - Staatsministerium für Kultus - Lehrplan Oberschule - Sport – S.16*
[2] *Freistaat Sachsen - Staatsministerium für Kultus - Lehrplan Oberschule - Sport – S.17*

3 Inhalte/Schwerpunkte Klassen 5-6 und 7-10

In den Lehrplänen bzw. Kerncurricula Sport der Bundesländer sind u.a. folgende Inhalte/ Schwerpunkte vorgesehen. Exemplarisch werden hier Auszüge der Bundesländer Sachsen und Niedersachsen genannt.

Sachsen: Staatsministerium für Kultus – Lehrplan Oberschule Sport – Leichtathletik

- In der Phase der Einführung (Klassenstufen 5-6) liegt der Schwerpunkt im Kennenlernen grundlegender leichtathletischer Disziplinen.
- In der Phase der Weiterführung (Klassenstufen 7-10) sollen auch andere leichtathletische Disziplinen, die Neues bieten, wie Stabspringen, Hürdenläufe, Mehrfachsprünge und experimentelles Weitwerfen Beachtung finden. Das schließt ein vertiefendes, anderes Befassen mit dem bisher Gelernten ein.[1]

Klasse 5-6 – Beispiele:

- Sprintläufe – Skippings – Hoch- und Tiefstart – Tempoläufe – Steigerungsläufe
- Weitsprungtechnik (Schrittweitsprung) vervollkommnen
- Schlagwurftechnik – 3-Schritt-Rhythmus – 5-Schritt-Rhythmus etc.

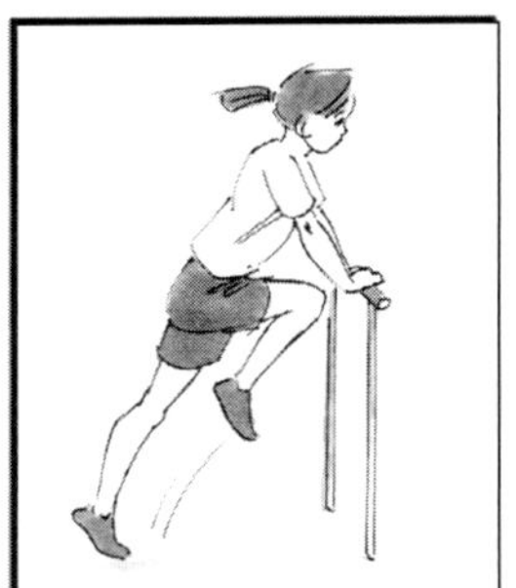

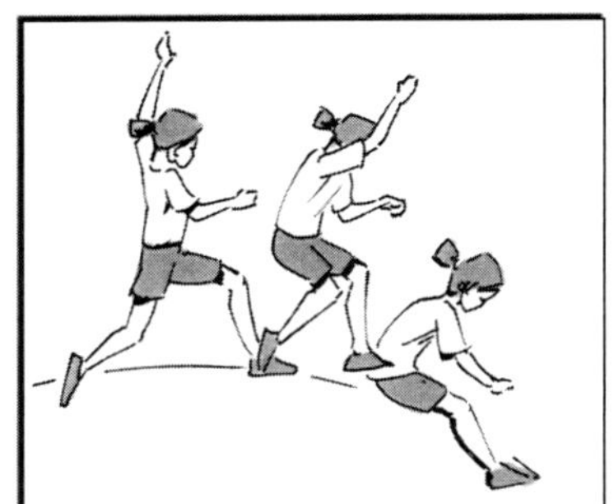

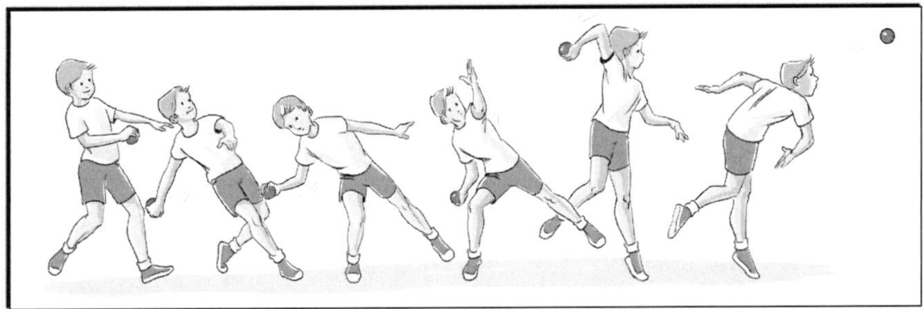

Klasse 7-10 – Beispiele:

- Staffelläufe – Hürdenläufe
- Drei-Springen
- Stabspringen
- Drehwurftechnik beim Schleuderballwerfen etc.
- Stoßen mit Kugeln etc.

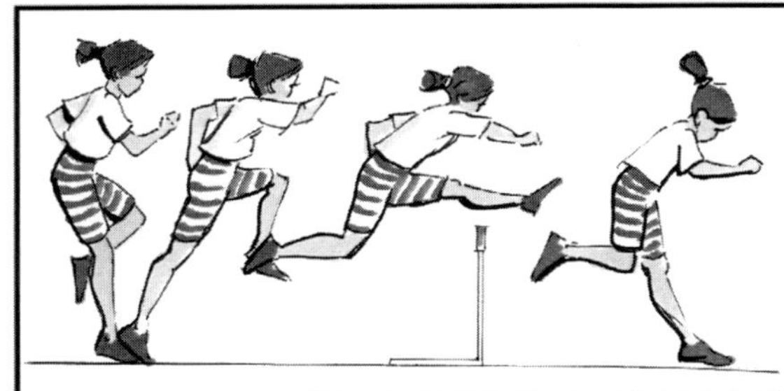

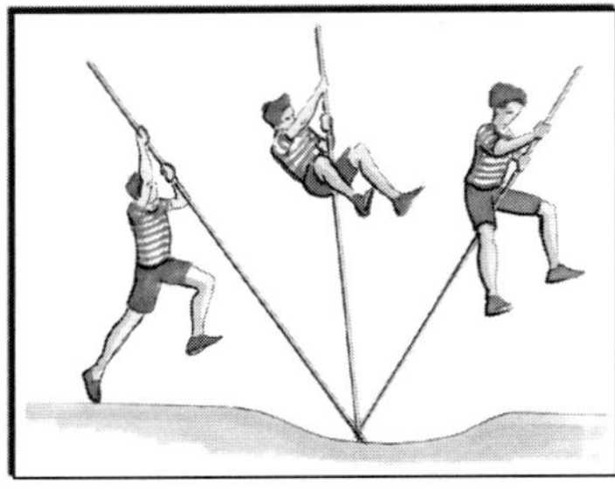

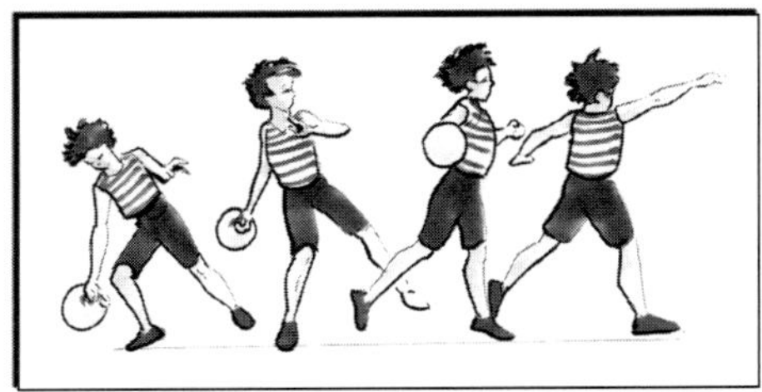

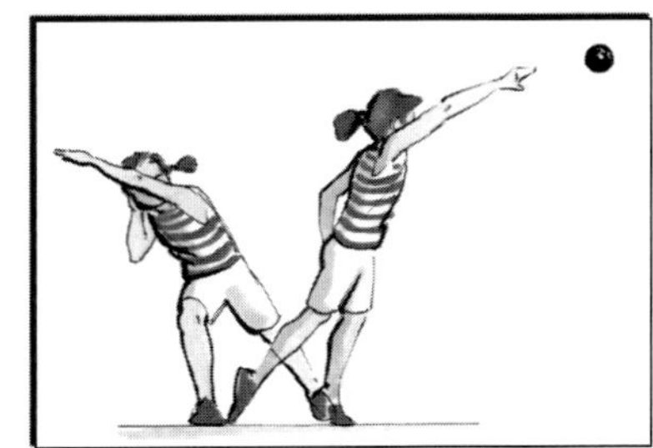

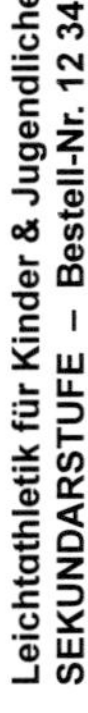

[1] *Freistaat Sachsen - Staatsministerium für Kultus – Lehrplan Oberschule – Sport. S. 16*

3 Inhalte/Schwerpunkte Klassen 5-6 und 7-10

Niedersächsisches Kultusministerium: Kerncurriculum für die Schulformen des Sekundarbereichs I – Schuljahrgänge 5-10 – Sport

Erwartete Kompetenzen	am Ende von Schuljahrgang 6	am Ende von Schuljahrgang 8	am Ende von Schuljahrgang 10
Die Schülerinnen und Schüler ...			
Dauerlauf über eine mittlere Strecke	laufen mindestens 25 Minuten ohne Pause ausdauernd.	laufen mindestens 30 Minuten ohne Pause ausdauernd.	laufen über eine mittlere Strecke individuell schnell, teilen den Lauf sinnvoll ein.
Individuelles Lauftempo an Streckenlänge, verschiedene Untergründe und Bedingungen anpassen			
Sprint auf kurzer Strecke	laufen über 50 m.	laufen in Sprinttechnik über 75 m.	laufen in Sprinttechnik aus dem Tiefstart über 100 m.
Hindernislauf Rhythmus gleich/variabel	überlaufen flach und rhythmisch verschiedene Hindernisse mit unterschiedlich weiten Abständen.	überlaufen schnell hürdenähnliche Hindernisse im Drei- oder Fünfschrittrhythmus.	führen einen Start-Ziel-Lauf über hürdenähnliche Hindernisse im Dreischrittrhythmus durch.
Wurf und Stoß möglichst weit	werfen einen Schlagball und andere Wurfgegenstände mit der rechten und der linken Hand möglichst weit.	• werfen einen Wurfball mit effektivem Anlauf möglichst weit, • schocken, stoßen und drehwerfen unterschiedliche Wurfgeräte möglichst weit.	führen Leistungswürfe bzw. -stöße in mindestens einer Wurf- bzw. Stoßdisziplin durch.
Weit- und Hochsprung	springen weit und hoch nach einem schnellen Anlauf aus einer Absprungzone.	• legen ihre individuelle Anlaufentfernung und -geschwindigkeit beim Weitsprung fest, • wenden die individuell adäquate Hochsprungtechnik an.	• führen einen Hochsprung in der Floptechnik (Grobform) aus, • beherrschen eine Hochsprungtechnik, um ihre beste Leistung zu erreichen.

Beide Auszüge aus dem Lehrplan/Kerncurriculum der beiden Bundesländer machen deutlich, dass es im Leichtathletik-Sportunterricht der Sekundarstufe zunächst um die **Festigung und Weiterentwicklung der in der Grundschule erworbenen leichtathletischen Grundtechniken** geht, die durch oftmaliges Wiederholen gefestigt und geformt werden. Durch das oftmalige Üben bzw. häufige Wiederholen werden auch die konditionellen und koordinativen Fähigkeiten geschult und verbessert.

Leichtathletik für Kinder & Jugendliche SEKUNDARSTUFE ▪ Bestell-Nr. 12 345
KOHL VERLAG

3 Inhalte/Schwerpunkte Klassen 5-6 und 7-10

Erfahrungs- und Lernfeld „Laufen, Springen und Werfen“ – ausgewählte Beispiele

Beispiele ...

- **Gemeinsam ausdauernd laufen**
- **Weitsprung üben**
- **Sprints – schnell laufen**

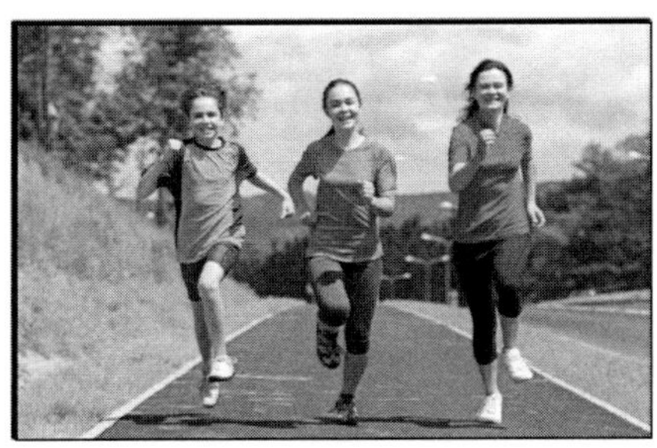

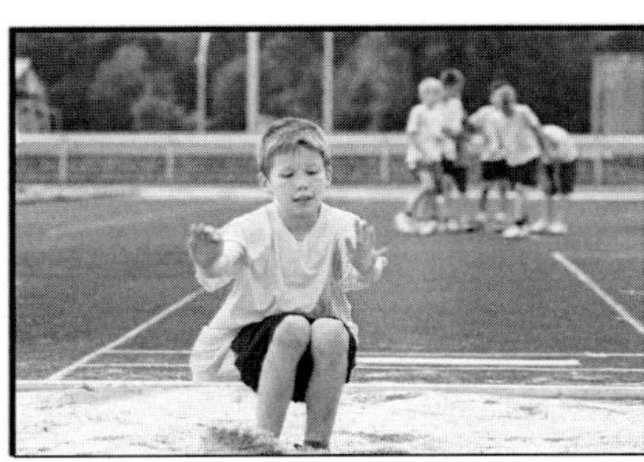

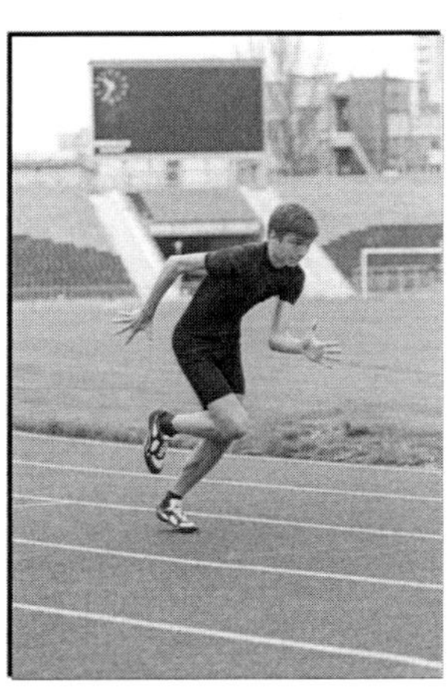

Der Sportlehrer muss durch einen vielfältigen, interessanten und abwechslungsreichen Sportunterricht dafür sorgen, dass das Üben und Anwenden interessant und abwechslungsreich ist (bleibt).

Beispiele ...

- **Warmmachen im Gelände**
- **Umfeld nutzen**
- **Spezielle Übungen einführen**

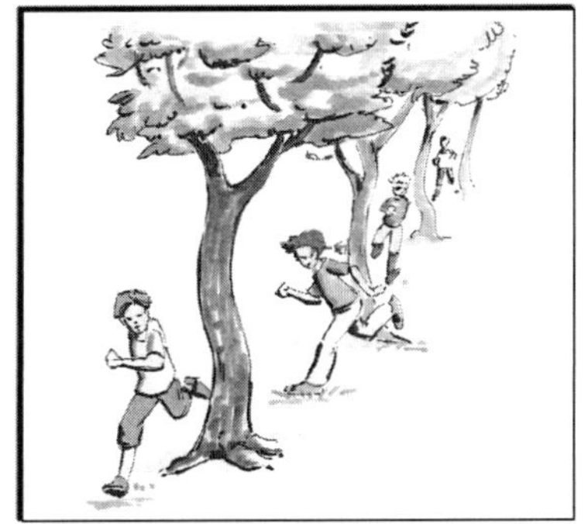

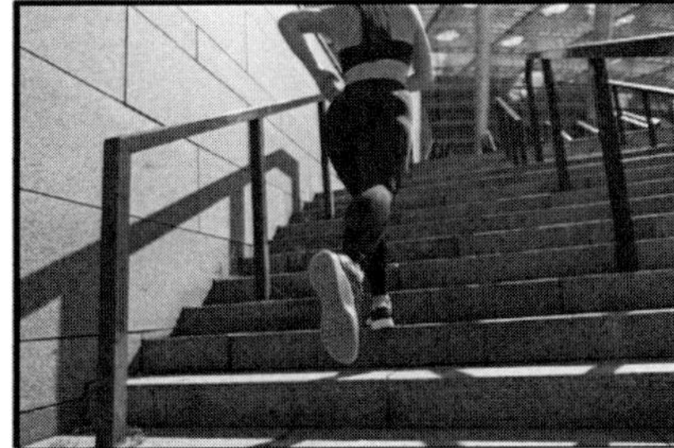

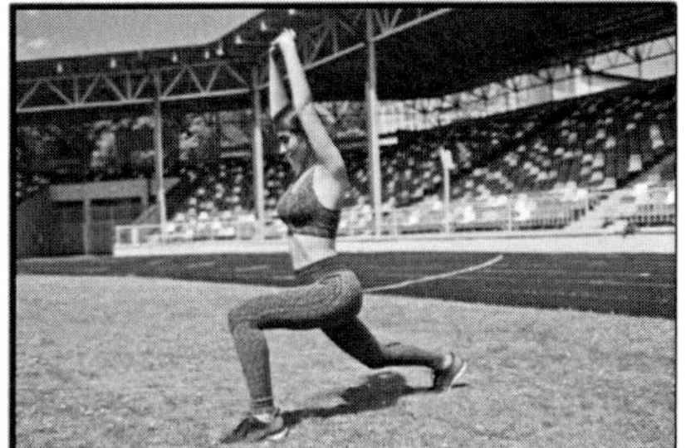

Damit die Leichtathletik für die Schüler der Sekundarstufe weiter interessant bleibt, **muss aber auch „Neues“ – andere leichtathletische Disziplinen – angeboten werden.**

Zum Beispiel über Hindernisse laufen = Hürdenlauf, Mehrfachsprünge = Dreisprung, Druckwurf = Kugelstoßen, Schlagwurf = Speerwurf usw.
Die o.g. Zielsetzungen kommen im Lehrplan/Kerncurriculum der Bundesländer klar zum Ausdruck. Siehe Seite 7 – Klasse 7-10 – Beispiele.

In diesem Buch werden die o.g. Aufgabenstellungen aufgenommen und mit Hinweisen, Tipps und erprobten methodischen Übungsreihen praktisch umgesetzt.

Ziel ist es, die Grobform der leichtathletischen Disziplin auf kürzestem Weg zu vermitteln.

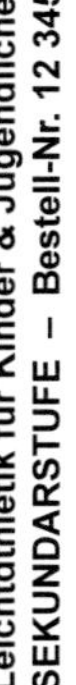

4 Leichtathletik unterrichten – Hinweise für die Praxis

Der „klassische Leichtathletik-Sportunterricht“ mit dem üblichen 50/75 m Lauf (wer ist am schnellsten?), Weitsprung (langes Warten in der Gruppe, bevor man dran ist) und Schlagballweitwurf (3-mal werfen) ist uns allen noch aus eigener Erfahrung bekannt. Auch viele Schüler haben diese Erfahrungen gemacht und sind davon natürlich nicht besonders begeistert. Dabei bietet gerade die Leichtathletik mit ihrer Vielzahl an Disziplinen die Möglichkeiten, den Sportunterricht abwechslungsreich, intensiv, erfolgs- und erlebnisorientiert zu gestalten.

Die Freude und der Spaß an der Ausführung leichtathletischer Disziplinen steht immer im Vordergrund.

4.1 Leichtathletische Vielfalt „auf einen Blick“

Die folgende Übersicht macht auf einen Blick deutlich, wie vielfältig das leichtathletische Angebot in der Sekundarstufe ist (sein kann).

Laufen	Springen	Werfen/Stoßen
Lange Strecken 20-30 min ohne Pause laufen	**Hochsprung** • Flop • Straddle	**Gerader Wurf** Schlagballwurf 3-Schritt-Rhythmus
Kurze Strecken 50-75-100 m Sprints	**Weitsprung** • Schrittweitsprungtechnik • Hangsprungtechnik	**Speerwurf** Werfen mit langen Wurfgeräten (Stäben, Fahnenstangen etc.)
Staffeln Stabübergabe von hinten Außenwechsel	**Mehrfachsprünge** Dreisprung	**Drehwurf** Schleuderballwurf
Hindernisse überlaufen Hürdenlauf Dreischrittrhythmus	**Stabsprung** • Hexenritt • Grabensprung • Stabweitsprung	**Stoßen** mit Medizinball und Kugel

Neue Disziplinen kennen-„lernen“
Damit die Leichtathletik für Schüler der Sekundarstufe interessant bleibt (oder wird), muss der Blick aber auch auf die bisher nicht berücksichtigten Disziplinen gerichtet und die Frage der Umsetzung im Unterricht beantwortet werden.

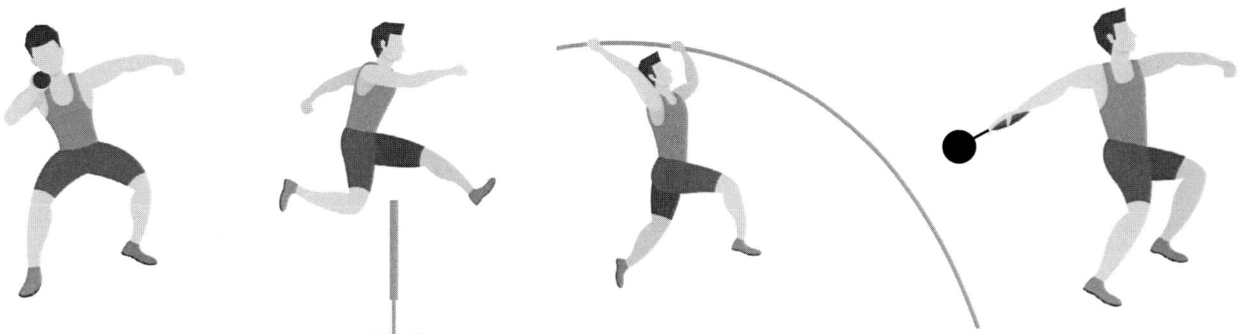

Leichtathletik für Kinder & Jugendliche
KOHL VERLAG

4 Leichtathletik unterrichten – Hinweise für die Praxis

4.2 Leichtathletische Disziplinen vorbereiten

Mit allgemein und speziell vorbereitenden Übungen/Übungsformen lassen sich gute Voraussetzungen zum Lernen und Üben der leichtathletischen Disziplinen schaffen – die Schüler können auf „das Neue gut eingestimmt“ werden.

Allgemein vorbereitende Übungen ...
Damit sind Übungen gemeint, die die konditionellen und koordinativen Voraussetzungen/Grundlagen entwickeln, z.B. Kräftigungsübungen der Hauptmuskelgruppen, Partnerübungen, Kleine Spiele und Übungen an und mit Geräten.[1]

Speziell vorbereitende Übungen ...
Darunter versteht man Übungen, die schon Bewegungsmerkmale (Phasen/Bestandteile) der neu zu erlernenden leichtathletischen Grundform beinhalten.

Beispiele ...

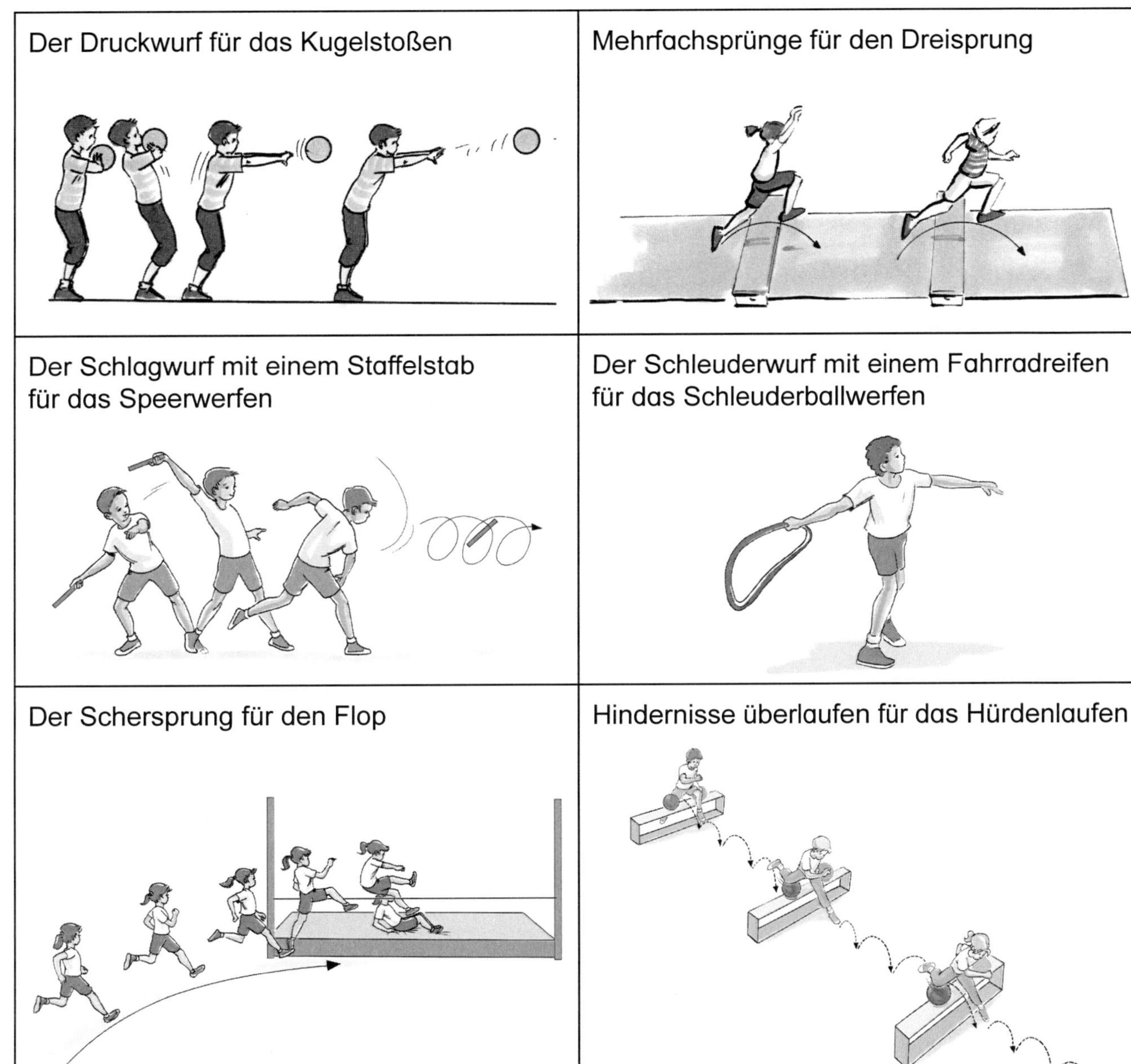

[1] *Lütgeharm, R.: Grundschule – Leichtathletik für Kinder und Jugendliche, Kohl-Verlag 2019*

4.3 Leichtathletik findet im Freien statt

Der Sportunterricht mit dem Schwerpunkt Leichtathletik sollte vorrangig im Freien auf dem Sportplatz, im Gelände im Park und unter Nutzung der jeweiligen Gegebenheiten etc. stattfinden.

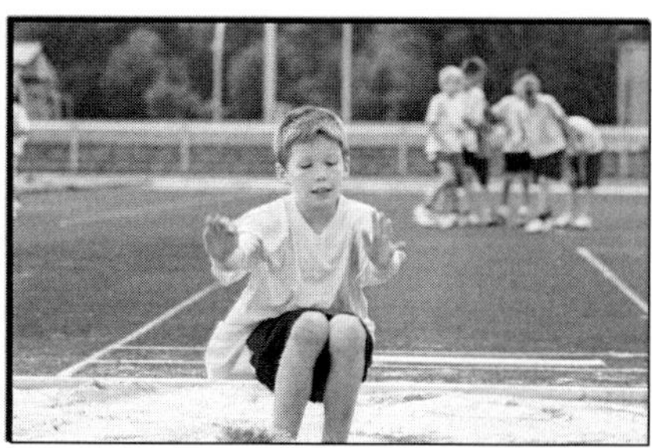

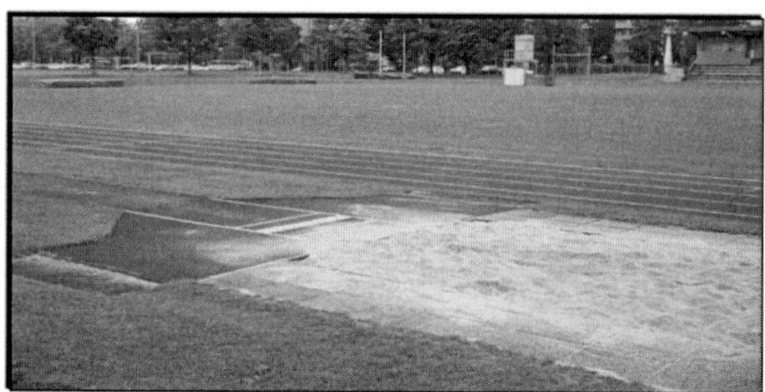

Das Sporttreiben „draußen" kommt bei den Jugendlichen in der Regel gut an, weil sie besondere/andere Bedingungen vorfinden und es außergewöhnlich ist (in der Regel findet der Sportunterricht immer in der Sporthalle statt).
In vielen Schulen der Sekundarstufe werden häufig sog. Blöcke für die Leichtathletik auf dem Sportplatz gebildet, die in jahreszeitlichen Abschnitten schwerpunktmäßig möglichst auf dem Sportplatz stattfinden sollte:

- Nach den Sommer- bis zu den Herbstferien und
- nach den Oster- bis zu den Sommerferien.

Das Üben und Trainieren im Freien an der frischen Luft trägt zur Entwicklung eines gesunden Immunsystems der Jugendlichen bei.
Die Verbesserung von Kondition und Koordination – gerade in frischer Luft – hat insgesamt einen positiven Einfluss auf die gesamte Entwicklung der Jugendlichen.

4.4 Situative Bedingungen nutzen – Leichtathletik abwechslungsreich gestalten

Interessant und abwechslungsreich wird der Sportunterricht immer dann, wenn der Sportlehrer die situativen Bedingungen der Sportanlagen nutzt. Damit sind die Beschaffenheit und Ausgestaltung des Sportplatzes selbst, das Umfeld des Sportplatzes, ein nahegelegenes Parkgelände oder eine Rasenfläche gemeint.
Insbesondere das Aufwärmen bietet sich dafür an, aber auch das Schulen von konditionellen und koordinativen Fähigkeiten ist so möglich. Statt der gewohnten „genormten Geräte" in der Sporthalle werden Übungen an und mit Bäumen/Baumreihen, Treppenstufen, Geländern, kleinen Gräben, Steinkanten, Bänken etc. ausgeführt.
Die folgende Auswahl zeigt einige Möglichkeiten des „situativen Übens und Trainierens":

Park – Bäume

- Im Slalom um eine Baumreihe gehen oder langsam laufen.
- Leichte Sprünge nach über Kopfhöhe befindlichen Zweigen ausführen.
- Auf- und Abstützeln an einem Baumstamm, an einer kleinen Mauer oder an einer Wegeinfassung.

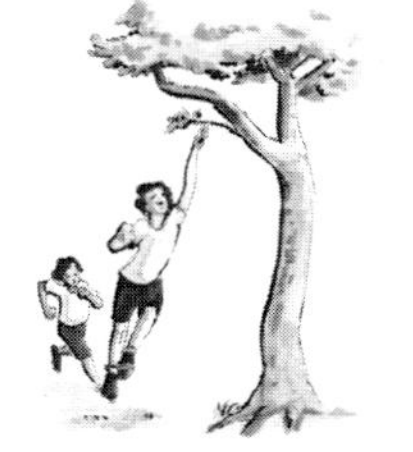

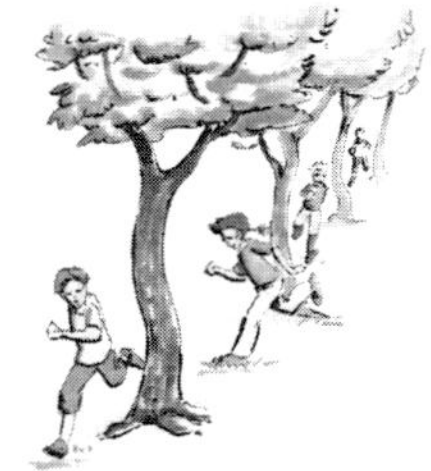

- Langsamer Lauf zu einem kleinen Graben: kurzer Anlauf, Überspringen des Grabens und beidbeinige Landung. Danach von der anderen Seite zurückspringen.

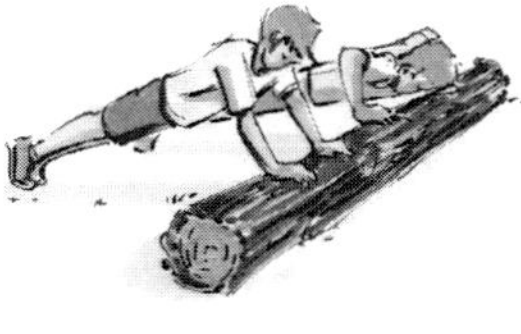

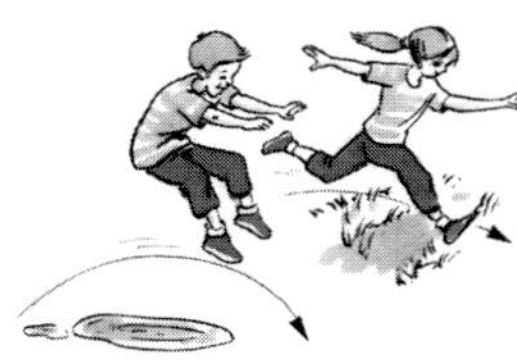

4 Leichtathletik unterrichten – Hinweise für die Praxis

4.4 Situative Bedingungen nutzen – Leichtathletik abwechslungsreich gestalten

Treppen – Stufen

- Schnelles Hochgehen auf der rechten Seite an der Stadiontreppe, anschließend ebenso Hinabsteigen auf der gegenüberliegenden Seite. Es sollte dabei keine Stufe ausgelassen werden.
- Einbeinsprünge aufwärts und anschließend abwärts gehen.
- Schlusssprünge auf- und abwärts.
- Schlusssprünge aufwärts, dabei immer eine Stufe überspringen, anschließend eine Stufe zurückspringen und dann wieder zwei Stufen aufwärts springen usw.

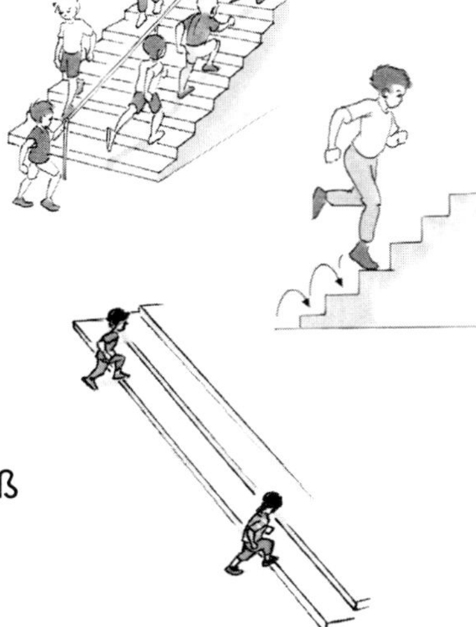

- Schlusssprünge seitlich aufwärts ausführen.
- Schrittwechselsprünge an der ersten Treppenstufe. Jeder Fuß muss 20-25mal auf der Stufe gewesen sein.

Geländer – Laufbahneinfassung

Wichtig dabei ist, dass das Geländer stabil und funktionstüchtig ist – immer überprüfen.

- Mit den Händen in Schulterhöhe am Geländer abstützen, die Füße gut zwei Fußlängen entfernt aufsetzen. Nun das rechte Knie anheben und gleichzeitig die linke Hand lösen, das Knie umfassen und den Oberschenkel an die Brust ziehen. Einen Moment halten, dann lösen, das Bein und die Hand in die Ausgangsstellung zurückführen und zur anderen Seite üben.
- Fassen des Geländers mit beiden Händen, kurzer Auftakt durch leichtes Kniebeugen und Sprung in den Stütz, sich kurz aufrichten und anschließend eine Rolle vorwärts ausführen.
- Skippings am Geländer: Beide Hände fassen das Geländer, der Körper ist in leichter Vorlage: Trittgeschwindigkeitsübungen auf der Stelle, dabei werden die Knie bis zur Waagerechten angezogen.
  <u>Hinweis</u>: Wenn das Tempo langsamer wird, sofort aufhören und Pause machen, dann erneut versuchen.

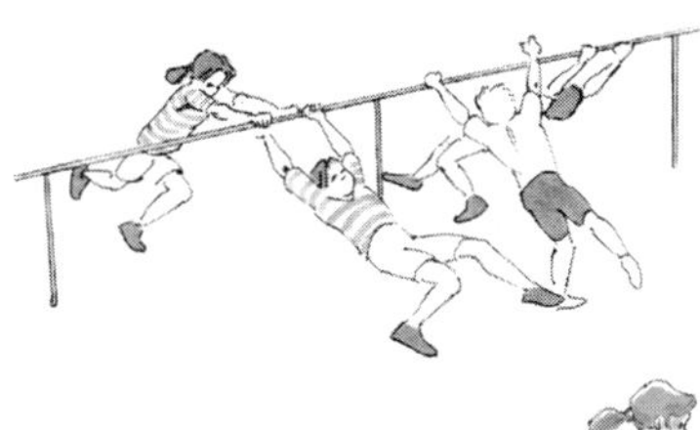

- Vorlaufen in die Spannbeuge: Stand mit Griff am Geländer: Mit kleinen schnellen Schritten in die hohe Spannbeuge laufen und dann die Hände lösen.

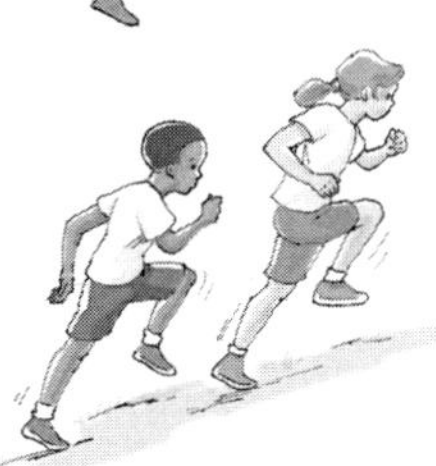

- Bergauflaufen an einer Böschung: Mit kräftigem Armeinsatz und kleinen Schritten laufen. Langsam wieder bergab gehen und gleich noch einmal ausführen.
  <u>Hinweis</u>: Meistens ist in jedem Stadion eine Böschung zwischen den Treppen bzw. der Tribüne zu finden.

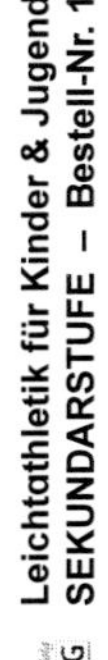

4.4 Motorische Entwicklung (Ontogenese)[1] der Schüler in den Kl. 5-6 bzw. 7-10

Der Sportlehrer muss bei der Auswahl der Inhalte, der Gestaltung und Organisation der Leichtathletikstunden natürlich auch immer den jeweiligen Entwicklungsabschnitt der Schüler berücksichtigen, d.h. die Inhalte, der Ablauf und die Intensität der Sportstunde muss bei einer 5. Klasse anders aussehen als bei einer 8. Klasse.

Entwicklungsabschnitte: In der Sekundarstufe I hat man es mit zwei Entwicklungsabschnitten zu tun, und zwar

Spätes Kindesalter Mädchen 10/11 – 11/12 Jahre
Jungen 10/11 – 12/13 Jahre[2]

Das sind in der Regel die Schülerinnen und Schüler der Klassen 5 und 6.
Meinel/Schnabel bezeichnen diesen Entwicklungsabschnitt auch als
„Phase der besten motorischen Lernfähigkeit".
Der Lerneifer sowie die Einsatz- und Lernbereitschaft sind im Allgemeinen hoch; Hauptmerkmal der Entwicklung ist überwiegend die gute motorische Lernfähigkeit der Mädchen und Jungen, d.h. die Mädchen und Jungen lernen schnell, manchmal auf Anhieb neue Bewegungsfertigkeiten und sind in der Lage, sich auf neue Situationen schnell und problemlösend einzustellen.

Spätes Kindesalter

Frühes Jugendalter (Pubeszenz) Mädchen 11/12 – 13/14 Jahre
Jungen 12/13 – 14/15 Jahre[3]

Das sind in der Regel die Schülerinnen und Schüler der Klassen 7 bis 9/10.
Meinel/Schnabel bezeichnen diesen Entwicklungsabschnitt als
„Phase der Umstrukturierung (des Umbaus) von motorischen Fähigkeiten und Fertigkeiten".
Auffällig sind die großen individuellen Unterschiede in der körperlichen Entwicklung und der motorischen Leistungsfähigkeit,

- die teilweise gezielte Maßnahmen der leistungsgerechten Aufgabenstellung (Differenzierung) erfordern.
- Methodisch steht das Festigen und Formen von bekannten Bewegungsabläufen im Vordergrund und hat Vorrang vor dem Lernen neuer Bewegungsfertigkeiten.
- Ebenso gewinnen Formen der gesteigerten Selbstständigkeit und das Mitdenken/ Miturteilen an Bedeutung und sind deshalb bei der Gestaltung des Sportunterrichts zu berücksichtigen.
- Die Verbesserung der motorischen Fähigkeiten (insbesondere Kraft- und Ausdauerschulung) wird auch in dieser Phase verstärkt und vielseitig gestaltet.

Frühes Jugendalter

Individuelle Neigungen und Interessen bilden sich heraus – denen besonders die Vielfalt der leichtathletischen Disziplinen entgegenkommt.

- Die oben gemachten Äußerungen machen deutlich, dass gerade in dieser Phase hohe Anforderungen an das pädagogisch-psychologische Geschick und an das didaktisch-methodische Können des Sportlehrers gestellt werden.
- Die Vorbildwirkung des Sportlehrers, seine Ausstrahlung/Überzeugungskraft und eine abwechslungsreiche Gestaltung des leichtathletischen Übens tragen sicher dazu bei, dass die Jugendlichen gerne Sport treiben und sich auch in ihrer Freizeit gern bewegen.
- Die vielseitigen Angebote (Disziplinen) des Laufens, Springens und Werfens ermöglichen einen abwechslungsreichen Sportunterricht.

[1] *(Individualentwicklung): Die gesamte **Entwicklung** eines Individuums*
[2] *Meinel, K./Schnabel, G.: Bewegungslehre – Sportmotorik, S. 288, 2004 Südwest Verlag 10. Auflage*
[3] *Meinel, K./Schnabel, G.: Bewegungslehre – Sportmotorik, S. 300, 2004 Südwest Verlag 10. Auflage*

5 Laufen

Der leichtathletische Lauf ist, auf seinen Sinngehalt befragt, ein Trainingsvorhaben. Laufen „an sich" ist für den Ausübenden nur dann sinnvoll oder sinnerfüllt, wenn er versucht, dabei ausdauernder oder schneller zu werden.[1]

Auch im Sportunterricht der Sekundarstufe stehen die o.g. Ziele im Vordergrund, wobei zunächst einmal die in der Grundschule erworbenen Grundlagen und die erlernten Techniken gefestigt und das Bewegungsgefühl für das Laufen allgemein verfeinert werden sollte.

Spiel- und Übungsformen mit folgenden Zielsetzungen

5.1 Verbessern der Laufschnelligkeit:
Ausgewählte Spiel- und Übungsformen, schnell umsetzbar und anschaulich dargestellt;

5.2 Tiefstart anwenden, festigen und formen:
Variantenreiche Sprintläufe über 50-75 m;

5.3 Hindernisse überlaufen – Hürdenlauf:
Methodische Übungsreihe

5.4 Ausdauernd laufen – Laufen ohne Pausen:
Variantenreiche Läufe und Laufspiele

5.5 Staffellauf mit Stabübergabe – Außenwechsel:
Ausgewählte Spiel- und Übungsformen, schnell umsetzbar und anschaulich dargestellt.

5.6 Wertungstabellen Lauf zur Notenfindung – Vorschlag

Ausgewählte Spiel- und Übungsformen dienen dazu, die **gesetzten Ziele** (z.B. 25/30 min ohne Pause ausdauernd laufen) zu erreichen.

Je nach Thema/Zielsetzung werden im Folgenden eine Auswahl von speziell vorbereitenden Kleinen Spielen bzw. zielgerichteten Spiel- und Übungsformen angeboten und/oder es folgt die jeweilige methodische Übungsreihe mit dem Ziel des Erlernens der Grobform. Diese Angebote erheben keinen Anspruch auf Vollständigkeit, verdeutlichen aber die vielfältigen Möglichkeiten des leichtathletischen Laufens auf dem Sportplatz und in der Sporthalle.

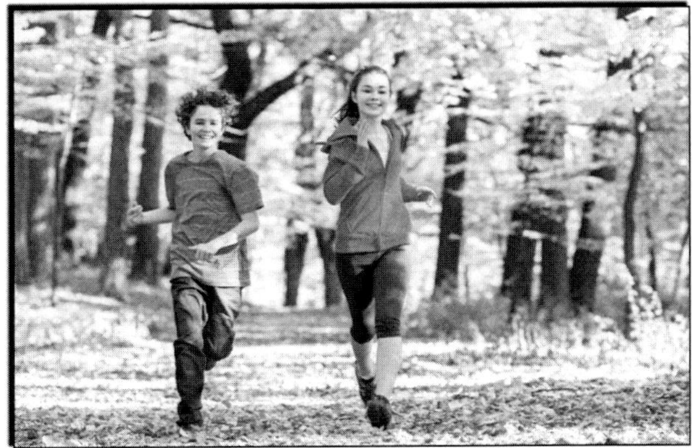

[1] *Kern, U./Söll, W.: Praxis und Methodik der Schulsportarten, S. 163*

KOHL VERLAG Leichtathletik für Kinder & Jugendliche SEKUNDARSTUFE – Bestell-Nr. 12 345

5 Laufen

5.1 Verbessern der Laufschnelligkeit

Schnelles Reagieren, Beschleunigen und Laufen
Die Schulung/das Verbessern der Schnelligkeit (Laufschnelligkeit/Fortbewegungsschnelligkeit) darf nie isoliert betrachtet werden, denn zunächst muss der Schüler auf ein Signal reagieren (Reaktionsgeschwindigkeit), dann starten und sich bewegen (Beschleunigungsfähigkeit), seine maximale Geschwindigkeit (Aktionsschnelligkeit) erreichen und diese möglichst lange halten (Schnelligkeitsausdauer).
Aus der Vielzahl der Lauf- und Fangspiele wird hier eine Auswahl angeboten, bei denen in der Regel alle Schüler mitlaufen können. Der Sportlehrer wählt aus und verändert unter Berücksichtigung seiner Klasse und der jeweiligen Übungsstätte.

„Reaktionsstarter"
Alle Schüler stehen an der Ablauflinie nebeneinander. Der ganz rechts/links stehende Schüler bestimmt selbst den Zeitpunkt des Loslaufens, evtl. kann auch das Ablaufsignal durch den Sportlehrer gegeben werden. Sein Start ist das Signal für den direkt neben ihm stehenden zweiten Schüler, dessen Start ist wiederum das Signal für den dritten Übenden – es ergibt sich eine Kettenreaktion für alle nebeneinander stehenden Schüler. Wer die Ziellinie erreicht und dabei seinen Vordermann überholt, erhält einen Punkt.

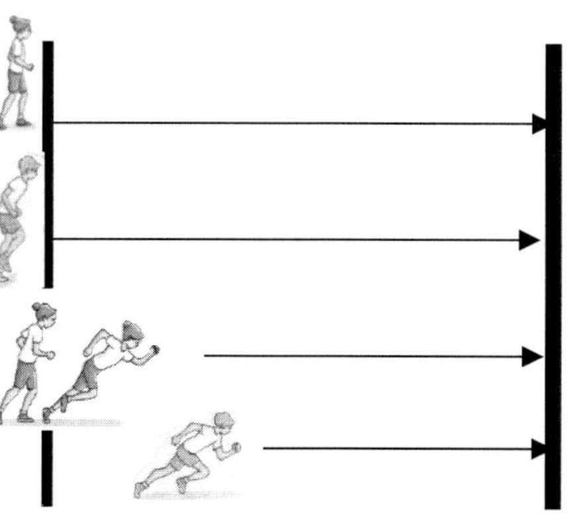

Übungsstrecke: ca. 30-50 m
Belastungsintensität: maximale Schnelligkeit
Wiederholungen: 2-3 Wiederholungen
Pausen: Vollständige Erholung, damit beim nächsten Durchgang wieder schnell gelaufen werden kann.
Differenzierung: Leistungsstärkere Schüler starten aus dem Sitz oder der Bauchlage, leistungsschwächere Schüler starten aus dem Stand.
Variation: Aufstellung wie gewohnt. Der Sportlehrer geht hinter den Schülern entlang und tippt einen Schüler leicht an, der danach sofort losläuft. Alle Übenden rechts und links neben ihm müssen auf seine Startbewegung schnell reagieren und laufen danach auch sofort los, um vor ihm die gegenüberliegende Ziellinie zu erreichen. Alle Schüler, die vor dem Startläufer die Ziellinie erreichen, erhalten einen Punkt.
Welcher Schüler hat nach mehreren Durchgängen die meisten Punkte?

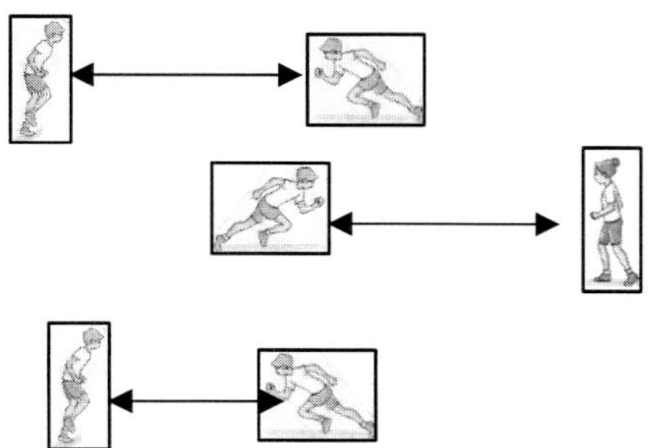

„Wettlauf zu zweit mit Treffpunkt"
Ein leistungsstarker und ein leistungsschwächerer Schüler bilden ein Läuferpaar. Sie stellen sich jeweils gegenüber an den Seiten des Sportplatzes auf. Auf Pfiff des Sportlehrers setzen sich alle Läufer in Bewegung. Welches Paar trifft sich zuerst?
Übungsstrecke: Gesamte Länge des Sportplatzes.

Verfolgungsrennen
Zwei in etwa gleich schnelle Läufer bilden ein Paar. Beide traben, Schüler A trabt ca. 2-3 m vor B. Auf Pfiff des Sportlehrers rennen beide Läufer los. Der hintere Läufer versucht, den Vordermann vor der etwa 30/50 m entfernten Zielmarkierung abzuschlagen. Beim nächsten Lauf werden die Positionen gewechselt.

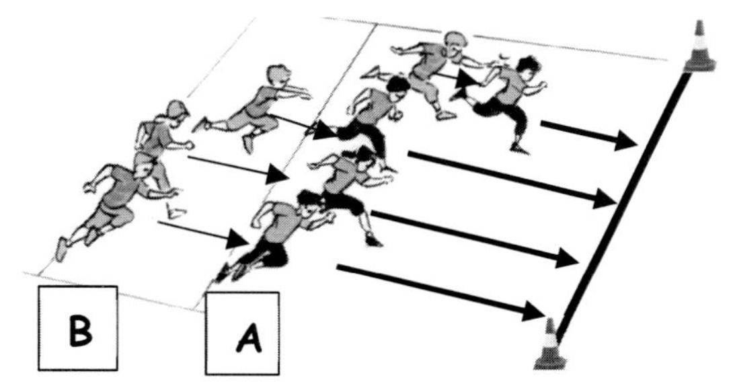

5 Laufen

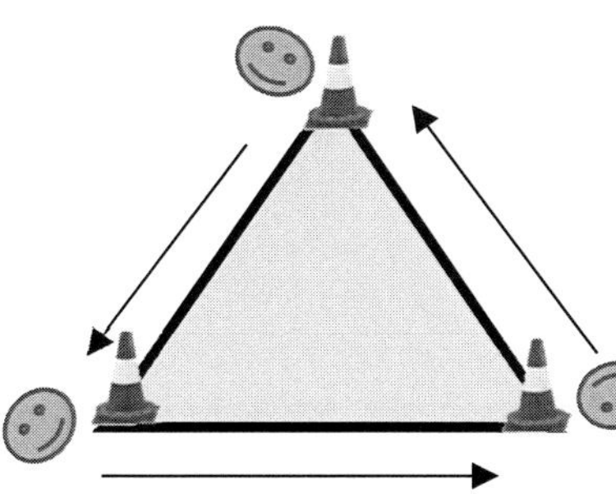

Verfolgung im Dreieck
Die Pylone werden im Dreieck positioniert – Abstand ca. 20-30 m. An jeder Pylone steht ein Schüler. Auf Pfiff des Sportlehrers sprinten sie los – wer holt den Vordermann zuerst ein?

Wettlauf zu zweit
Beide Schüler (in etwa gleich schnell) stehen nebeneinander und laufen ca. 20 m nebeneinander. An einer durch Pylone markierten Startlinie beginnt der Wettlauf. Jeder versucht, zuerst die ca. 30-50 m entfernte Zielmarkierung zu erreichen.

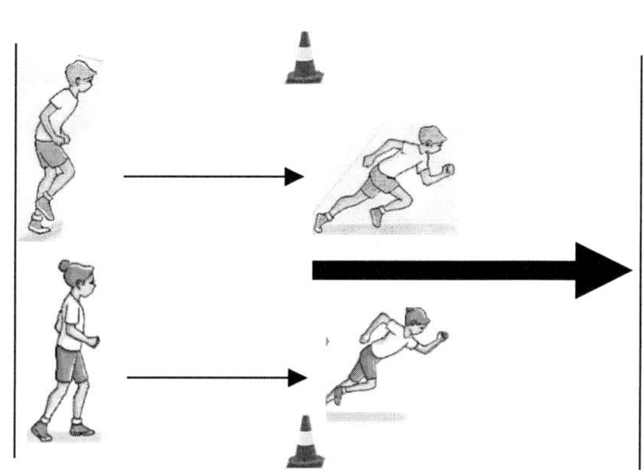

Läufer als Wendemal
Auf Signal des Sportlehrers startet ein Schüler jeder Gruppe und läuft zum Wendemal und fasst mit einer Hand von oben auf den Pylon. **Die Berührung mit der Hand ist das Startzeichen für seine Gruppe**, die nun mit vollem Einsatz gemeinsam zum Wendemal läuft, den dort stehenden Startläufer umläuft und anschließend schnell wieder zur Startlinie zurückkehrt. Welche Gruppe steht zuerst wieder an der Startlinie. Bei jedem weiteren Durchgang muss ein neuer Startläufer bestimmt werden.

Übungstrecke: 30-40 m hin und 30-40 m zurück.
Hinweis: Der Sportlehrer kontrolliert das Loslaufen der Gruppen – immer erst nach dem Kontakt des Startläufers mit dem Pylon loslaufen.

Tempoläufe aus dem Traben
Die Schüler stehen nebeneinander auf dem Sportplatz und beginnen gemeinsam mit langsamem Laufen (Traben). Auf Signal des Sportlehrers wird plötzlich angetreten und 30-50 m mit maximaler Geschwindigkeit bis zu einer Markierung gelaufen.

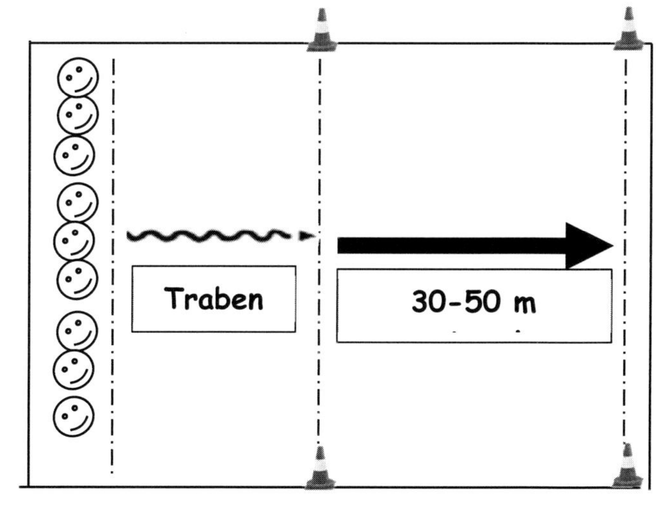

Leichtathletik für Kinder & Jugendliche
SEKUNDARSTUFE – Bestell-Nr. 12 345
KOHL VERLAG

5 Laufen

Steigerungsläufe

Alle Kinder beginnen mit langsamem Traben und steigern allmählich bis zum höchstmöglichen Tempo (locker – nicht verkrampfen) mit anschließendem Auslaufen. Laufstrecke 80-120 m.

Hinweis: Der Sportlehrer läuft mit und gibt die Steigerung vor.

langsam	etwas schneller	schnell	maximal

Läufe mit fliegendem Start

Das „Anlaufen" bis zur Höchstgeschwindigkeit beträgt ca. 20 m. Der Sprint mit Höchstgeschwindigkeit beträgt ca. 30-50 m.

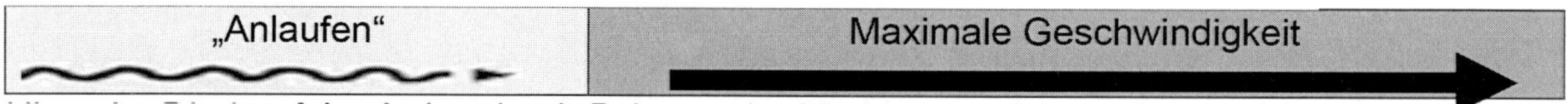

Hinweis: Die Laufabschnitte durch Pylone oder Markierungsfahnen kennzeichnen.

Läufe auf leicht abschüssigem Gelände

Eine sehr interessante Variante ist der Lauf auf einem leicht abschüssigen und ebenen Gelände (kurz gemähte Wiese, Feldwege etc.) von 30-80 m mit erhöhter Schrittfrequenz (maximale Geschwindigkeit). Wichtig hierbei ist, dass der Übende wirklich mit vollem Einsatz läuft und meistens dabei feststellt, dass er seine bisher „gefühlte“ Höchstgeschwindigkeit durchbricht.

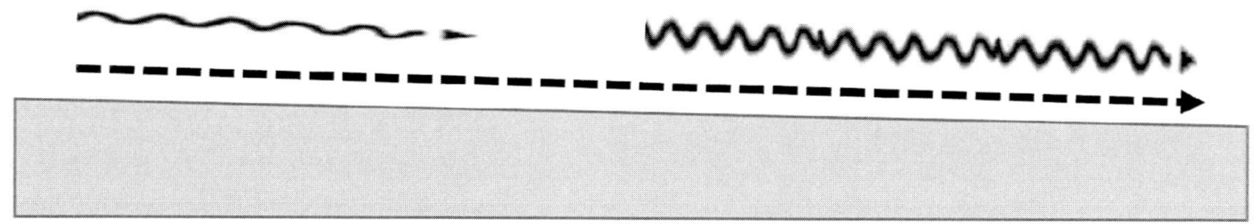

Sprints auf der Geraden (Laufbahn oder Länge des Sportplatzes)

Strecken von ca. 25 m mit Pylonen markieren.

Im ersten Abschnitt langsam antraben, dann einen schnellen Antritt über 25 m ausführen, im dritten Abschnitt ausklingen lassen und dann im vierten Abschnitt wieder voll antreten und auslaufen.

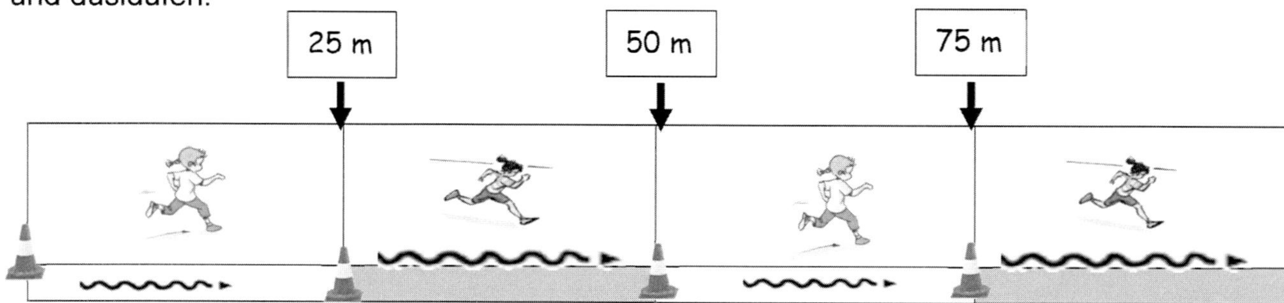

Sprintläufe auf den beiden äußeren Bahnen von ca. 30-50 m.

Auf Signal des Sportlehrers starten beide Schüler. Der Läufer auf der Außenbahn (A) muss versuchen, mit dem Läufer der inneren Bahn mitzuhalten – gleichauf zu bleiben. Beim nächsten Lauf werden die Positionen gewechselt.

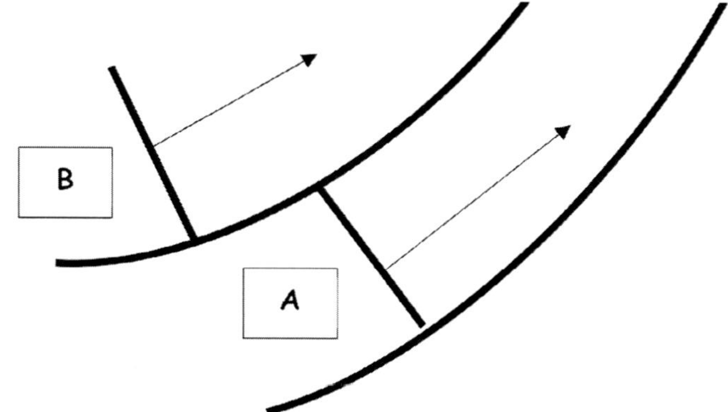

KOHL VERLAG
Leichtathletik für Kinder & Jugendliche
SEKUNDARSTUFE ▪ Bestell-Nr. 12 345

5.2 Tiefstart anwenden, festigen und formen

Erfahrungsgemäß ist der Start ein entscheidender Faktor bei den kurzen Sprintstrecken. Manchmal helfen schon einige **Tipps und Hinweise**, um den Bewegungsablauf (die Technik) des Tiefstarts bei den Schülern zu verbessern, was sich wiederum meistens sofort bei der „gestoppten Zeit“ über 50/75 oder 100 m auswirkt. Natürlich ist die Technik nicht allein entscheidend, sondern auch immer eine gute Reaktionsfähigkeit und die physischen Voraussetzungen.
In der Regel lernen die Schüler in der 3./4. Klasse den Tiefstart[1] über eine methodische Übungsreihe in der Grobform, sodass die Schüler der Sekundarstufe auf wesentliche Bewegungserfahrungen zurückgreifen können. Das Ziel in der Sekundarstufe heißt nun: Festigung/Formung und Verbesserung des Tiefstarts mit speziellen Übungs- und Wettkampfformen.

Übersicht „So sollte ein guter Tiefstart aussehen“

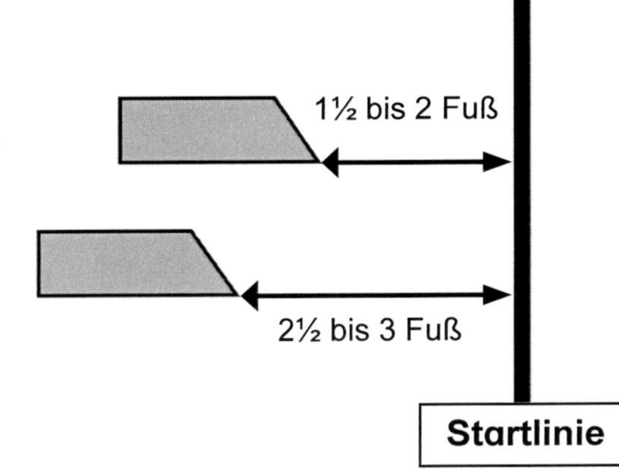

Meistens wird die mittlere Startstellung verwendet, weil sie gleichermaßen für Anfänger und Fortgeschrittene geeignet ist.

- Abstand zur Startlinie 1½ bis 2 Fuß
- Abstand zwischen den Blöcken ca. 1 Fuß
- Der vordere Block ist **flacher**, der hintere Block ist **steiler** einzustellen!
- Das stärkere Bein (Sprungbein) ist vorne.

„Auf die Plätze!“

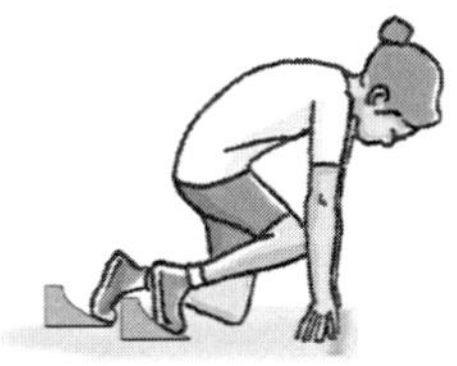

Die Hände werden schulterbreit mit abgespreiztem Daumen aufgesetzt.
Die Arme sind gestreckt und stützen senkrecht ab.
Der Kopf ist locker gesenkt, der Blick geht zur Startlinie.

„Fertig!“

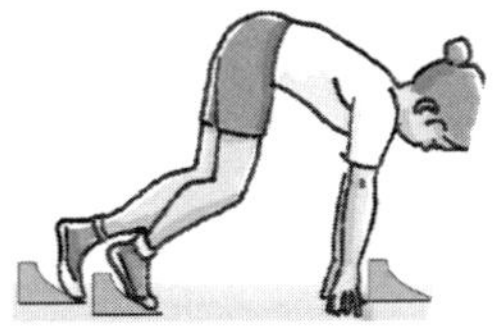

Das Knie des hinteren Beines löst sich vom Boden, das Gesäß wird angehoben und ist meistens etwas über Schulterhöhe.
Gewicht gleichmäßig verteilen und die Füße kräftig gegen die Startblöcke drücken. Der Kopf bleibt weiter locker und entspannt.

„Los!“

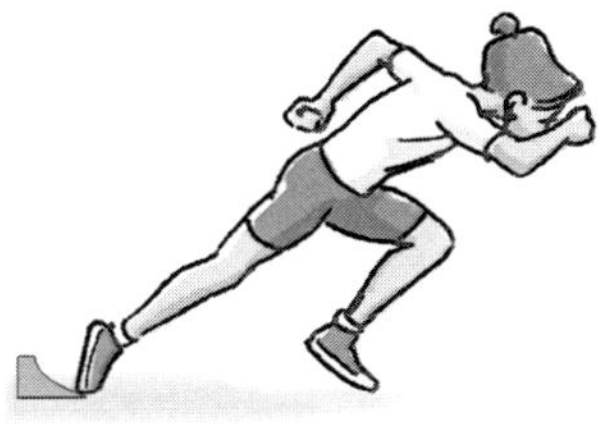

Die Hände lösen sich vom Boden und der Körper streckt sich nach vorn. Das hintere Bein drückt kräftig ab und wird auf kürzestem Weg nach vorn über die Startlinie gebracht. Der Armschwung ist kräftig und schnell – er unterstützt.
Zunächst weist der Körper eine ausgeprägte Vorlage auf, die mit zunehmender Geschwindigkeit abnimmt.

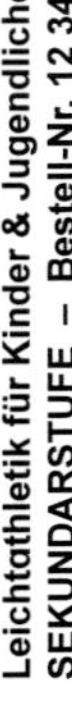
Leichtathletik für Kinder & Jugendliche
SEKUNDARSTUFE – Bestell-Nr. 12 345
KOHL VERLAG

[1] *Lütgeharm, R.: Grundschule – Leichtathletik für Kinder und Jugendliche, S. 24 - 25*

5 Laufen

Bevor der Tiefstart wiederholt und geübt wird, sollten auch immer wieder einige Reaktions- und Ablaufübungen mit den Schülern durchgeführt werden und natürlich sich gut warm gemacht worden sein.

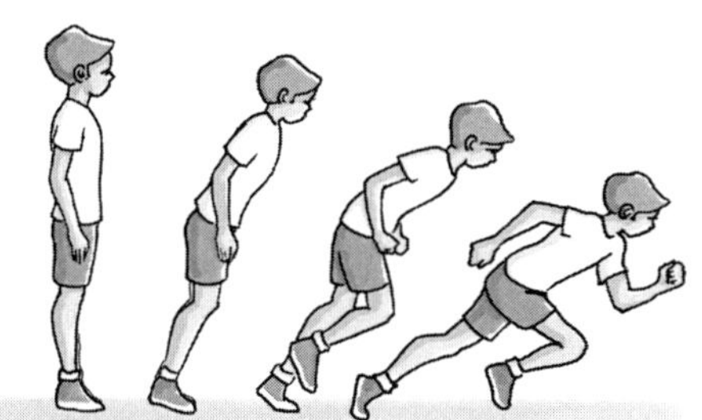

Fallstart: Mehrere Schüler stehen mit paralleler Fußstellung an der Startlinie nebeneinander. Auf Pfiff des Sportlehrers den Körper vorfallen lassen und schnell kräftig hinter den in Vorlage befindlichen Rumpf treten und mit maximaler Geschwindigkeit bis zu einer 30-50 m entfernten Markierung laufen.

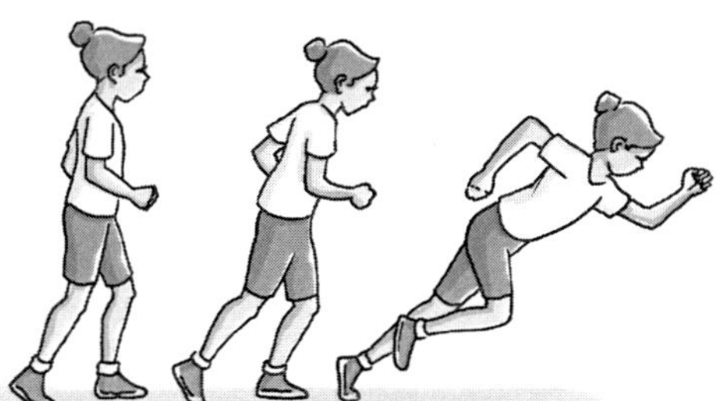

Fallstart aus der Schrittstellung. Das Sprungbein ist vorn, die Arme sind angewinkelt. Auf Pfiff lassen sich die Schüler nach vorn fallen und treten hinter den sich in Vorlage befindlichen Rumpf. Das schnelle Antreten wird durch kräftigen Armeinsatz unterstützt. 30-50 m mit maximaler Geschwindigkeit laufen.

Bauchlage, auf Pfiff schnell aufstehen und ca. 30-50 m mit maximaler Geschwindigkeit laufen. Versuchen, die Markierung als erster zu erreichen.

Rückenlage, auf Pfiff schnell reagieren, aufstehen und ca. 30-50 m mit maximaler Geschwindigkeit laufen. Versuchen, die Markierung als erster zu erreichen.

Stand rückwärts zur Laufrichtung, auf Pfiff schnelles Umdrehen, beschleunigen und mit maximaler Geschwindigkeit 30-50m laufen.

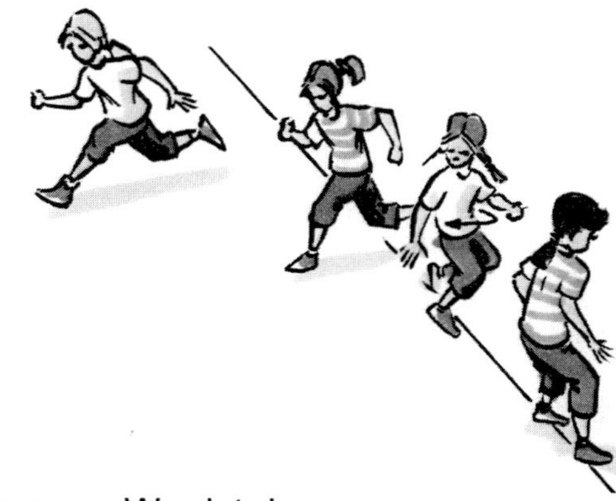

Tiefstart üben

Tiefstart mit Wettkampfcharakter
Gleichstarke Schülerpaare starten auf Kommando zusammen. Wer ist der schnellste beim Start?

Tiefstart mit Technikbeobachtung; Laufstrecke ca. 20-30 m.
Hinweis: Läufe mit Technikbeobachtung werden nur **submaximal** („unterhalb des Leistungs-maximums") ausgeführt.

Folgende Punkte müssen durch den Sportlehrer und Mitschüler beobachtet werden:

- Richtiges Verhalten in der „Fertigstellung"
- Schnelles Reagieren nach dem Startschuss (Starterklappe)
- Ausgeprägte Rumpfvorlage bis zum zehnten Schritt – allmählich aufrichten!

5 Laufen

Tiefstart unter Wettkampfbedingungen
Gruppenstarts mit Punktewertung. Drei Schüler starten gleichzeitig nebeneinander. Wer ist der schnellere Schüler beim Start – bei 10 m – bei 15 m – bei 20 m?

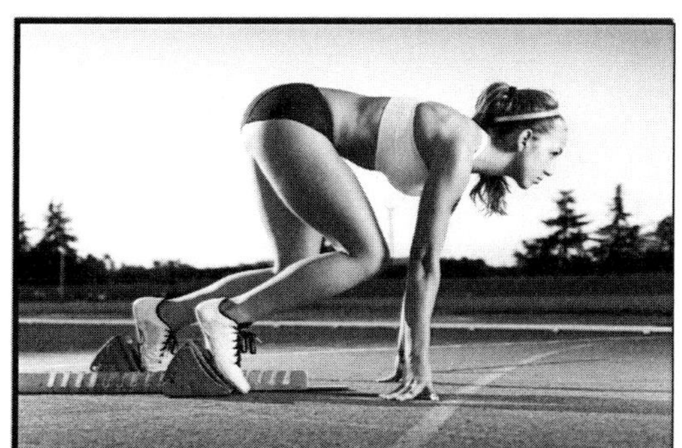

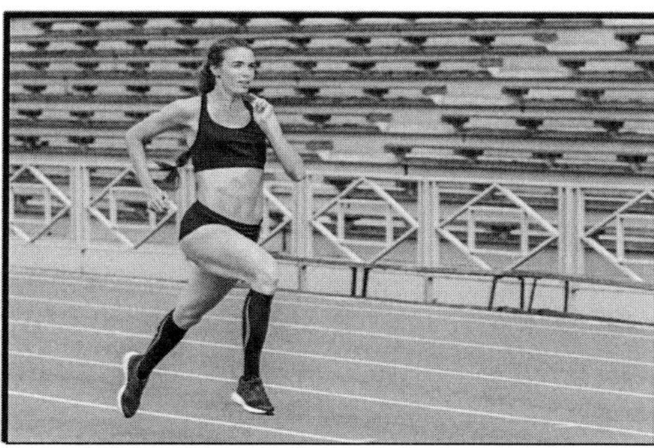

beim Start ------------------- bei 10 m --------- bei 15 m --------- bei 20 m

Schüler helfen bei der Punktevergabe an jeder Station. Gibt es Verschiebungen der Reihenfolge während des Laufes? Z.B. Schüler A ist zwar der schnellste beim Start, bei 10 m sind aber die Schüler B und C schon gleichauf und bei 15 m liegt Schüler B vorn, Schüler C ist etwas dahinter und Schüler A ist letzter usw.

Sprintermehrkampf: Es werden drei gleichstarke Gruppen gebildet. Der erste Schüler jeder Gruppe geht an die Startlinie und nimmt die Tiefstartstellung ein. Jeder Teilnehmer gewinnt für seine Mannschaft je nach Einlauf: 1. Platz = 5 Punkte, 2. Platz = 3 Punkte, 3. Platz =
1 Punkt. Danach kommen die zweiten Schüler jeder Riege dran. So geht es immer weiter, bis alle einmal gelaufen sind. Welche Gruppe hat zum Schluss die meisten Punkte?

Um einen zweiten kompletten Durchgang offen zu gestalten, startet jetzt pro Lauf der Gewinner des ersten Durchgangs immer einen Meter hinter der Startlinie, der Zweite an der Startlinie und der Verlierer einen Meter vor der Startlinie. So muss auch der leistungsstärkere Schüler wieder „voll" laufen, der leistungsschwächere Schüler bekommt dadurch seine Chance. Welche Gruppe hat jetzt die meisten Punkte?

Zeitläufe über 50 m, 75 m und 100 m mit Tiefstart. Einordnung und Vergleich der Zeiten über die jeweilige Teilstrecke.

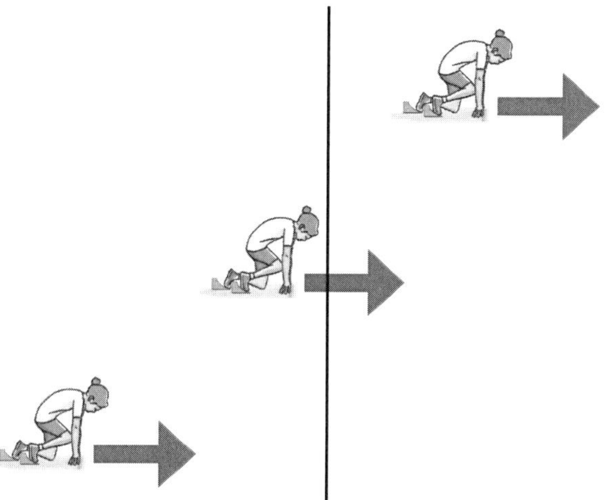

Weitere festigende und formende Aufgaben:

- Trittgeschwindigkeitsübungen:
  Skippings = Kniehebeläufe, Oberschenkel parallel zum Boden
- Tiefstart und bis zur 10 m Linie mit betonter Körpervorlage laufen
- Tiefstartstellung: Erproben der richtigen (individuellen) Startstellung (Startblöcke).

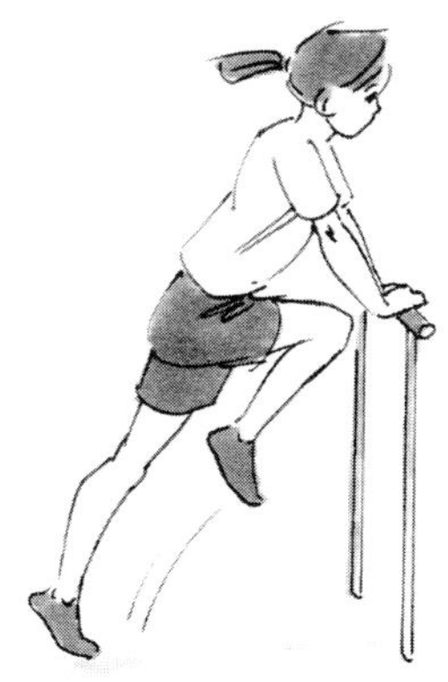

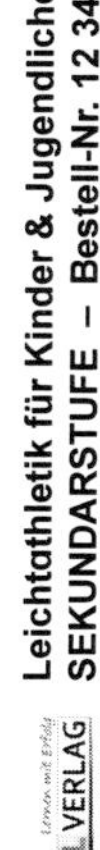

5.3 Hindernisse überlaufen – Hürdenlauf

Das Überwinden von Hindernissen hat für Schüler einen hohen Aufforderungscharakter. Das Überlaufen von Turnbänken, Bananenkartons, Medizinbällen, Kastenteilen und Schaumstoffblöcken macht Spaß und schult das Rhythmusgefühl. Die Höhen und Abstände der Hindernisse müssen variabel gehandhabt und den Voraussetzungen der Schüler angepasst werden. Die Schüler bringen Bewegungserfahrungen mit, weil Hindernisläufe schon in der Grundschule erprobt worden sind.

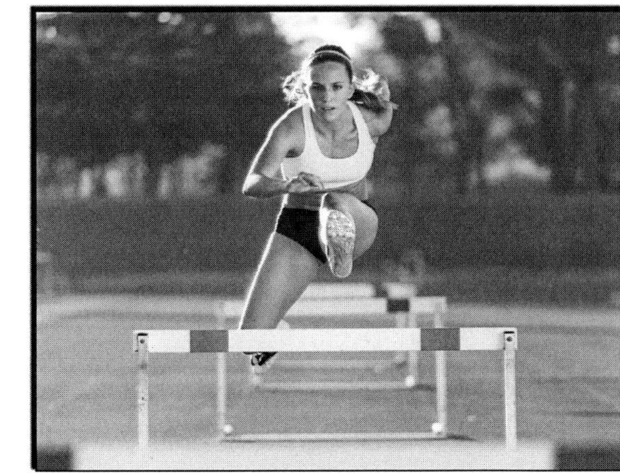

Hürdenläufe sind Sprints mit Hindernissen. Im Grunde geht es darum, das Hindernis (die Hürde) möglichst ohne Zeitverlust zu „überlaufen“. Dafür wird eine gute Koordination der Bewegungen bei einer hohen Laufgeschwindigkeit benötigt.
Das Ziel in der Sekundarstufe ist das Überlaufen von Hindernissen (Hürden, Kinderhürden) im 3-er oder 5-er Rhythmus.

Hinweise

- Beim Überwinden der Hindernisse sollte das schnelle Laufen erhalten bleiben.
- Das Überlaufen von mehreren Hindernissen, z.B. von drei Turnbänken oder drei Bananenkartons wird von Anfang an durchgeführt. Die Schüler entwickeln dabei ein Rhythmusgefühl.
- Die Abstände zwischen den Hindernissen müssen in der Regel den Voraussetzungen der Schüler angepasst werden (Differenzierung), 5-7 m gelten als Richtwert.
- Die Anfangshöhe der Hindernisse (Hürden) liegt bei 40-70 cm. Spezielle Übungshürden (Kinderhürden) mit Schaumstoff, Bananenkisten, Schaumstoffblöcken sind ebenfalls gut geeignet.

Maße eines Bananenkartons:
Höhe 25 cm, Breite 50 cm, Tiefe 40 cm

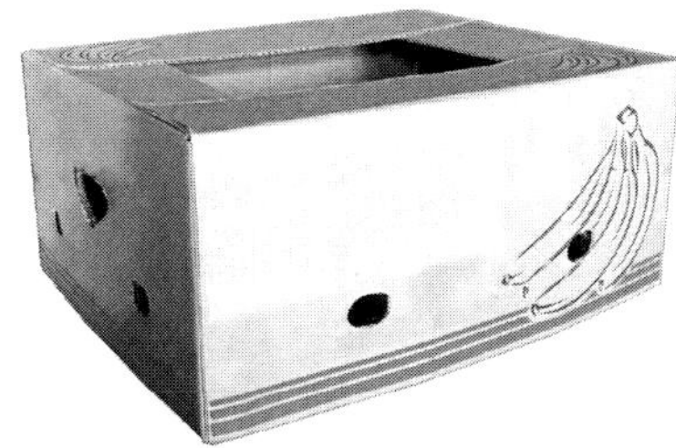

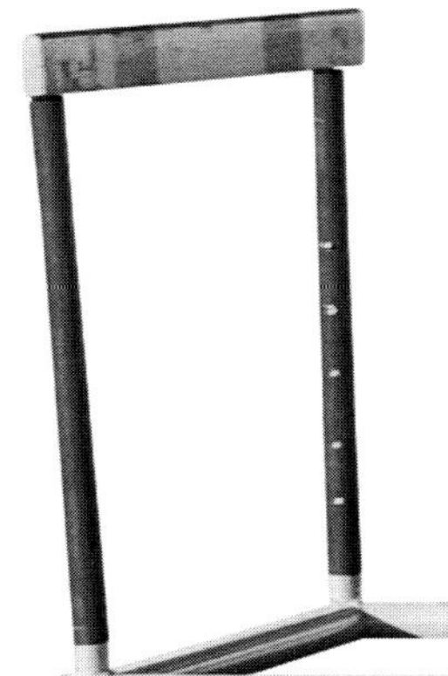

Maße einer Kinderhürde:
- Einstellbare Höhen: 40, 50 und 60 cm
- Breite: 100 cm
- Höhenverstellung durch Druckknopfsystem
- Hürde gepolstert.

Laufen über Hürden lernt man nur durch Laufen über Hindernisse!

Die folgende methodische Übungsreihe ist so aufgebaut, dass die Schüler zunächst schnell über mehrere Hindernisse laufen und dabei sich Schritt für Schritt den 3-Schritt-Rhythmus aneignen – „erfühlen“.

5 Laufen

Methodische Übungsreihe (Lernschritte) und Hinweise

1. Schneller Lauf über mehrere Turnbänke. Abstand zwischen den Bänken ca. 5-7 m.

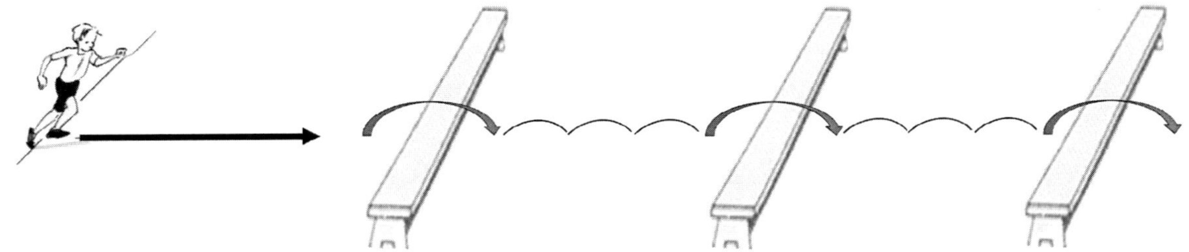

Diesen Lauf einige Male ausführen lassen. Der Sportlehrer beobachtet und lässt danach einen Schüler vormachen, bei dem schon der 3-Schritt-Rhythmus erkennbar wird.
Alle Schüler laufen erneut schnell über die Bänke und versuchen dabei den 3-Schritt-Rhythmus auszuführen.
Tipp: Die Schüler sollen den 3-Schritt-Rhythmus als Grundrhythmus erkennen und sich bewusstmachen.
Das Aufsetzen des Schwungbeines wird nicht mitgezählt, dadurch haben manche Schüler Probleme, sich diesen Rhythmus „vorzustellen".
Differenzierung: Schon nach den ersten Läufen muss meistens eine zweite Bahn mit Bananenkartons aufgebaut werden, bei der der Abstand zwischen den Hindernissen etwas weiter gestaltet wird (schnellere Schüler).

2. Den 3-Schritt-Rhythmus anwenden und üben – Lauf über drei Bananenkartons, Schaumstoffblöcke oder Kinderhürden. Höhe der Hindernisse ca. 50 cm.

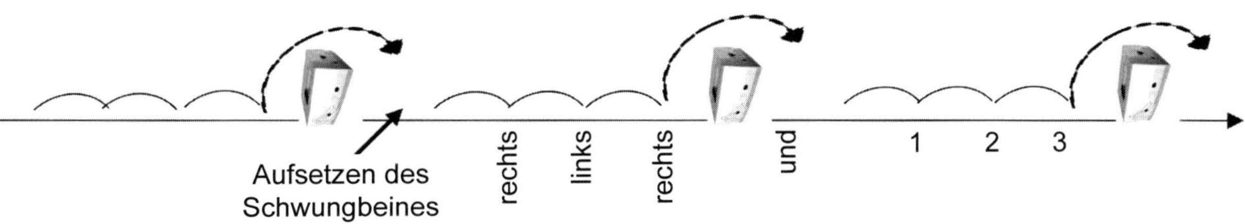

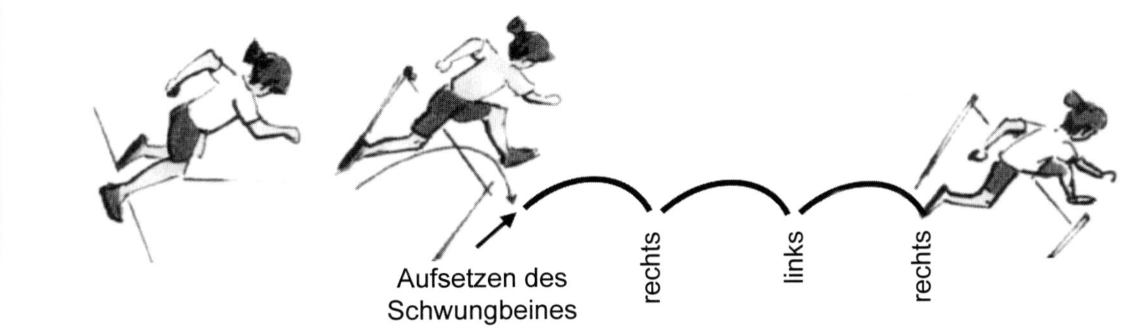

Festigung des Rhythmusgefühls, wenig Korrekturen – Springen vermeiden, auf das schnelle Laufen über die Hindernisse achten.
Differenzierung: Je nach Schnelligkeit mehrere Bahnen mit unterschiedlichen Abständen aufbauen.
Evtl. akustische Hilfen durch den Sportlehrer: „Und"-„1"-„2"-„3"
„Und" = Aufsetzen des Schwungbeines
1 = Aufsetzen (Nachziehbein)
2 = Laufschritt
3 = Hürdenschritt

Leichtathletik für Kinder & Jugendliche
SEKUNDARSTUFE – Bestell-Nr. 12 345

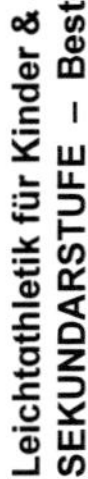

Methodische Übungsreihe (Lernschritte) und Hinweise

3. Lernen und Üben des Schwungbeineinsatzes

Auf das waagerechte Hochführen des Schwungbeinoberschenkels mit anschließendem Vorschleudern des Unterschenkels achten. Diese Teileinheit wird zunächst im Stand, dann im Gehen und Laufen geübt. Später versuchen die Schüler, den 3-Schritt-Rhythmus mit dem Einsatz des Schwungbeines zu koordinieren.

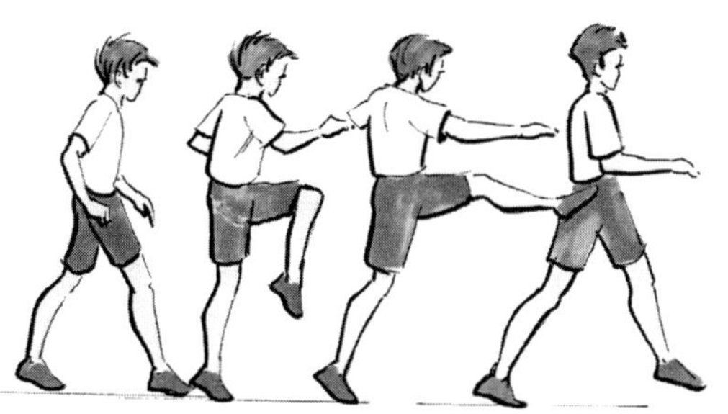

4. Der Schüler läuft so an den Hürden vorbei (beim linken Schwungbein rechts vorbeilaufen), dass nur das Schwungbein über die Hürde geführt wird.

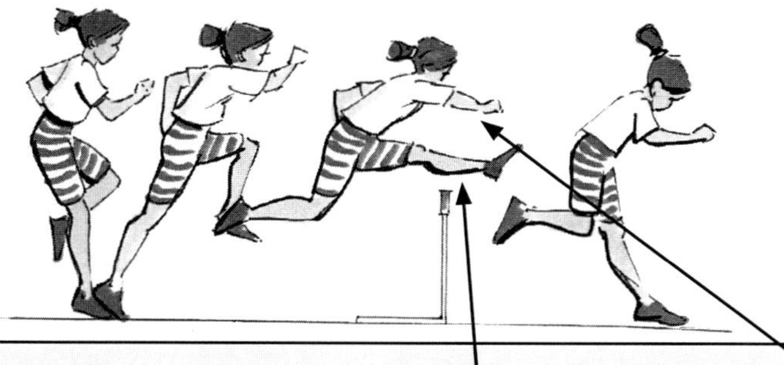

Hinweise: Aktive Landung auf dem Fußballen und Vorschwingen des Schwungarmes (*linkes* Schwungbein = *rechter* Schwungarm).
Hürdenhöhe ca. 50-70 cm – Kinderhürden und/oder Bananenkartons hochkant.
Variation: Lauf über drei Hürden/Bananenkartons im 3-Schritt-Rhythmus und bewusstem Einsatz des Schwungbeines.

5. Lernen und Üben der Nachziehbeinbewegung

Diese Bewegung wird zunächst mit Partnerhilfe an der Hürde geübt.

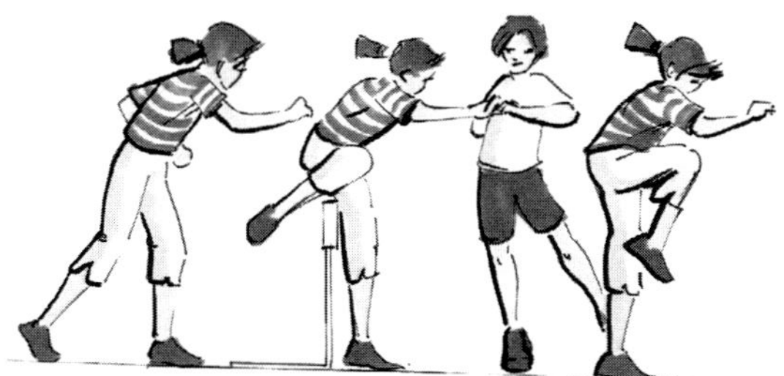

Das Knie des Nachziehbeines wird zügig vorhoch in Richtung Achselhöhle geführt. Zunächst im Stand (= Angehen ohne und mit Hürde – und mit Partnerhilfe/Handfassung) üben.

6. Anwenden/Schulen des Nachziehbeines im Vorbeigehen.

Wie vorher, aber im Vorbeilaufen.

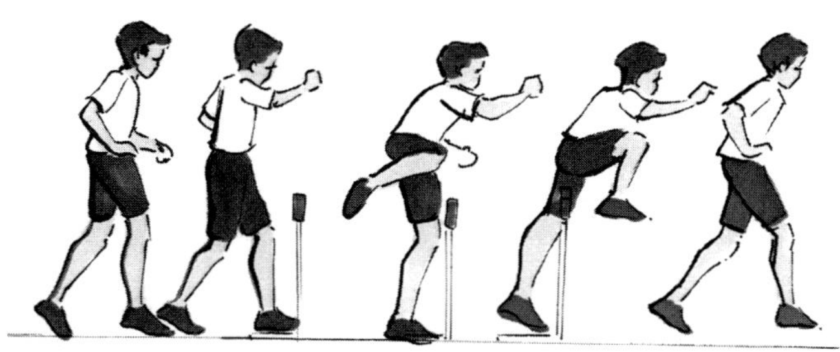

Der Schüler geht an der entsprechenden Seite der Hürde vorbei und zieht nur das Nachziehbein über die Hürde.
Tipp: Um die Notwendigkeit des Abspreizens des Nachziehbeines zu verdeutlichen, muss die Höhe der Hürde entsprechend sein.

Methodische Übungsreihe (Lernschritte) und Hinweise
7. Koordination von Schwung- und Nachziehbein Überlaufen von Bänken mit Medizinbällen oder Bananenkartons im 3-er-Rhythmus 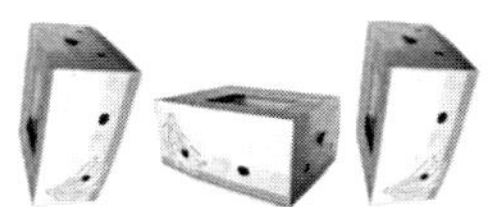
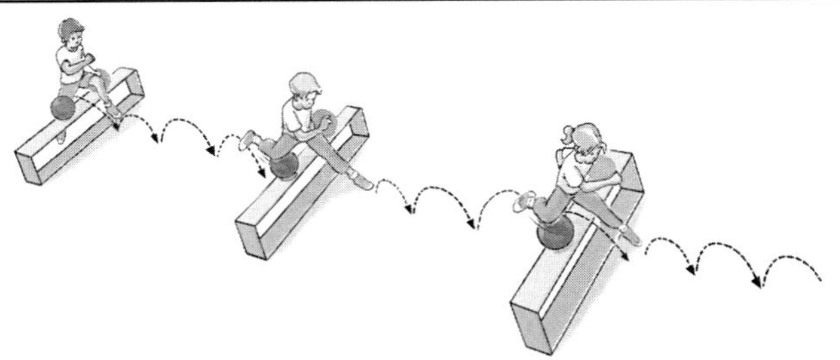
Es hat sich bewährt, wenn zunächst das Schwungbein über ein flaches und das Nachziehbein über ein etwas höheres Hindernis geführt wird.
8. Festigen und Formen der Koordination von Schwung- und Nachziehbein • Überlaufen von drei Hürden im 3-Schritt-Rhythmus. Das Nachziehbein erst dann vorbringen, wenn das Schwungbein nach unten gedrückt wird. • Überlaufen von drei Hürden im 3-Schritt-Rhythmus – mit betontem Abducken des Oberkörpers über der Hürde: „Klappt über der Hürde wie ein Taschenmesser zusammen".
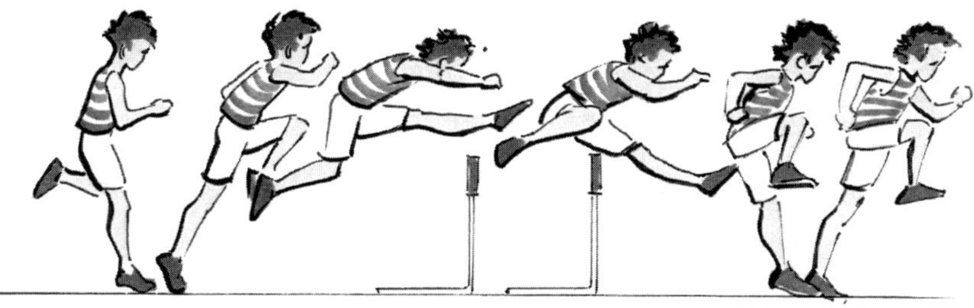
Darauf achten, dass das Kinn über das Knie und die Gegenhand an den Fuß des Schwungbeines kommt. Zwischendurch immer wieder Bewegungsabläufe demonstrieren lassen und mit den Schülern besprechen.

Anwenden und Üben des Hürdenlaufs in den folgenden Sportstunden
Der Hürdenlauf muss auch in den folgenden Sportstunden gefestigt und technisch weiter entwickelt werden.

- Tiefstart und Überlaufen von drei bis fünf Hürden mit Auslauf.
- Leistungsstarke Hürdenläufer laufen gegen Schüler ohne Hürden.
- Bei gleicher Streckenlänge werden die Abstände zwischen den Hürden und die Hürdenhöhe dem jeweiligen Leistungsstand angepasst.
- Pendelstaffel über 3-5 Hürden.
- Es werden Gruppen von je 4 Schülern zusammengestellt und die individuellen Hürdenleistungen (Zeiten) addiert. Welche Gruppe erreicht die geringsten Zeitwerte?

Damit der Hürdenlauf für die Schüler interessant bleibt, muss der Sportlehrer in den folgenden Sportstunden Varianten anbieten und dabei natürlich auch die Möglichkeiten der Schüler berücksichtigen (Höhe und Anzahl der Hürden).

Hinweis: DLV = Deutscher Leichtathletikverband:
Für Jugendliche gilt es, 8 Hindernisse auf einer 80 Meter Bahn zu überwinden.

KOHL VERLAG Leichtathletik für Kinder & Jugendliche SEKUNDARSTUFE – Bestell-Nr. 12 345

5.4 Ausdauernd laufen – Laufen ohne Pausen

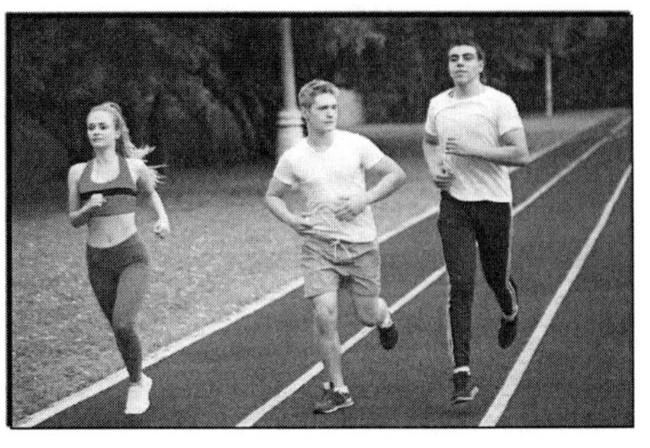

Das Schulen der allgemeinen Ausdauer ist ein wichtiges Element im Sportunterricht der Sekundarstufe. Die allgemeine Ausdauer bezieht sich auf die Ausdauerleistungsfähigkeit des gesamten Organismus. Die allgemeine Ausdauer ist eine Basisvoraussetzung für die Entwicklung der Leistungsfähigkeit in vielen Sportarten. Sie trägt zur Gesunderhaltung und zur Erhöhung der Belastungsverträglichkeit bei Schülern bei. „Laufe dein Alter" – die Schüler sollen mindestens die Anzahl ihrer Lebensjahre in Minuten ohne Pausen laufen können, d.h. 11, 12, 13, 14, 15, 16 Minuten für Schüler der Sekundarstufe. Es ist dabei unwichtig, wie weit und wie schnell gelaufen wird. Wichtig ist nur, dass die Schüler zwischendurch nicht gehen oder eine Pause einlegen. Der Stellenwert und die Bedeutung des ausdauernden Laufens kommt auch im folgenden Kerncurriculum zum Ausdruck.[1]

Erwartete Kompetenzen	Am Ende von Schuljahrgang 6	Am Ende von Schuljahrgang 8
	Die Schülerinnen und Schüler ...	
Individuelles Lauftempo an Streckenlänge, verschiedene Untergründe und Bedingungen anpassen	laufen mindestens 25 Minuten ohne Pause ausdauernd	laufen mindestens 30 Minuten ohne Pause ausdauernd

Wer gewohnt ist, längere Strecken zu laufen, ist leistungsfähiger und weniger anfällig für Bewegungsmangelerscheinungen wie Kreislaufprobleme, muskuläre Dysbalancen usw.
Schüler sollen erfahren und empfinden, dass Laufen das allgemeine Wohlbefinden verbessern kann – danach fühlt man sich gut!
Häufig nehmen Kinder und Jugendliche eine ablehnende Haltung gegenüber einer Ausdauerschulung ein, weil Dauerläufe häufig gleichförmig und langweilig durchgeführt werden. Es muss also ein wichtiges Anliegen des Sportlehrers vor Ort sein, das ausdauernde Laufen interessant, abwechslungsreich und mit differenzierter Belastung zu planen und praktisch umzusetzen.
Viele Schüler wissen meistens überhaupt nicht, dass sie auch in diesem Bereich etwas zu leisten vermögen.[2]
Dabei sollte man wissen:

- Auch Kinder und Jugendliche können ausdauernd laufen.
- Ausdauerndes Laufen geht in jedem Alter, wenn entsprechend langsam (dosiert) und schrittweise angefangen wird.
- Ausdauernd laufen hat einen hohen Freizeitwert und kann auf dem Sportplatz, im Park, im Gelände usw. ausgeübt werden.
- Bei längeren Läufen ist das Lauftempo so zu wählen, dass die Schüler die Belastung im aeroben Bereich (mit ausreichender Sauerstoffaufnahme) bewältigen können – nicht „aus der Puste kommen" – sich mit dem Partner noch unterhalten können!
- Das Interesse und die Motivation der Jugendlichen muss geweckt bzw. erhalten bleiben, d.h. immer auch auf die individuelle Belastung achten, evtl. mit differenzierten Aufgabenstellungen üben.
- Das Ausdauertraining sollte durch das Messen der Pulswerte (am Handgelenk oder am Hals) jeweils vor und nach der Belastung begleitet werden. Der Ruhepuls liegt bei Erwachsenen zwischen 60-80 Schlägen pro Minute, bei Kindern und Jugendlichen ist er höher. Belastungen im aeroben Bereich sollten zwischen 140-170 Schlägen pro Minute liegen. Höhere Pulswerte weisen auf mögliche Überforderungen hin. Der Erholungspuls sollte nach einer Minute ca. 30-40 Schläge unter dem Belastungspuls liegen.

[1] *Niedersächsisches Kultusministerium: Kerncurriculum für die Schulformen des Sekundarbereichs I - Schuljahrgänge 5 - 10 – Sport*

[2] *Kern, U./Söll, W.: Praxis und Methodik der Schulsportarten, S. 159*

5 Laufen

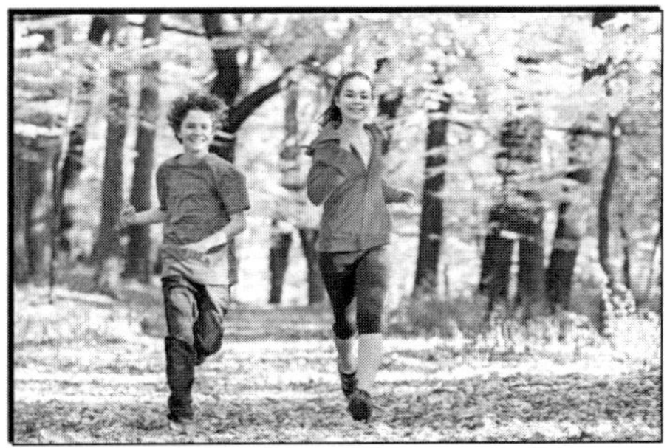

Lauftraining muss nicht zwingend auf dem bekannten Sportplatz stattfinden. Es gibt auch geeignete Laufstrecken im näheren Umfeld, z.B. in Parks, Waldstücken, auf Wiesen etc. Kurven, leichte Steigungen und Gefälle sowie unterschiedliche Untergründe machen die Laufstrecke an sich schon interessanter.

Wichtig! Wenn der Sportlehrer mitläuft (mitübt), wirkt das meistens als „Verstärker" bei den Jugendlichen.

Im Folgenden wird eine Auswahl erprobter Spiel- und Übungsformen genannt, sodass der Sportlehrer unter Berücksichtigung seiner Klasse/Gruppe auswählen kann.

„Zeitgefühl" schulen – entwickeln

Bekanntlich laufen die meisten Schüler viel zu schnell los, diese Übungsform eignet sich besonders, um das Tempo zu drosseln und das Zeitgefühl zu schulen.
An jedem Eckpunkt steht eine Laufgruppe von 4-6 Schülern (evtl. im Leistungsstand etwa gleich). Auf Signal des Sportlehrers laufen alle gemeinsam los.
Nach 15 Sek. muss der nächste Eckpunkt erreicht sein, beim nächsten Signal – 30 Sek. – muss die übernächste Fahnenstange erreicht sein. Eine Runde von 200 m wird also in 60 Sek. durchlaufen. Durch die Zeitvorgabe kann der Sportlehrer das Tempo steuern, sodass sich bei den Schülern ein erstes Zeitgefühl entwickelt.

- Später kann die Zeitvorgabe auf 12 oder 10 Sekunden verringert werden, sodass etwas schneller gelaufen werden muss.
- Es ist auch möglich, das erste Signal erst nach 30 Sekunden ertönen zu lassen, dann muss jede Gruppe an der übernächsten Fahne angekommen sein.

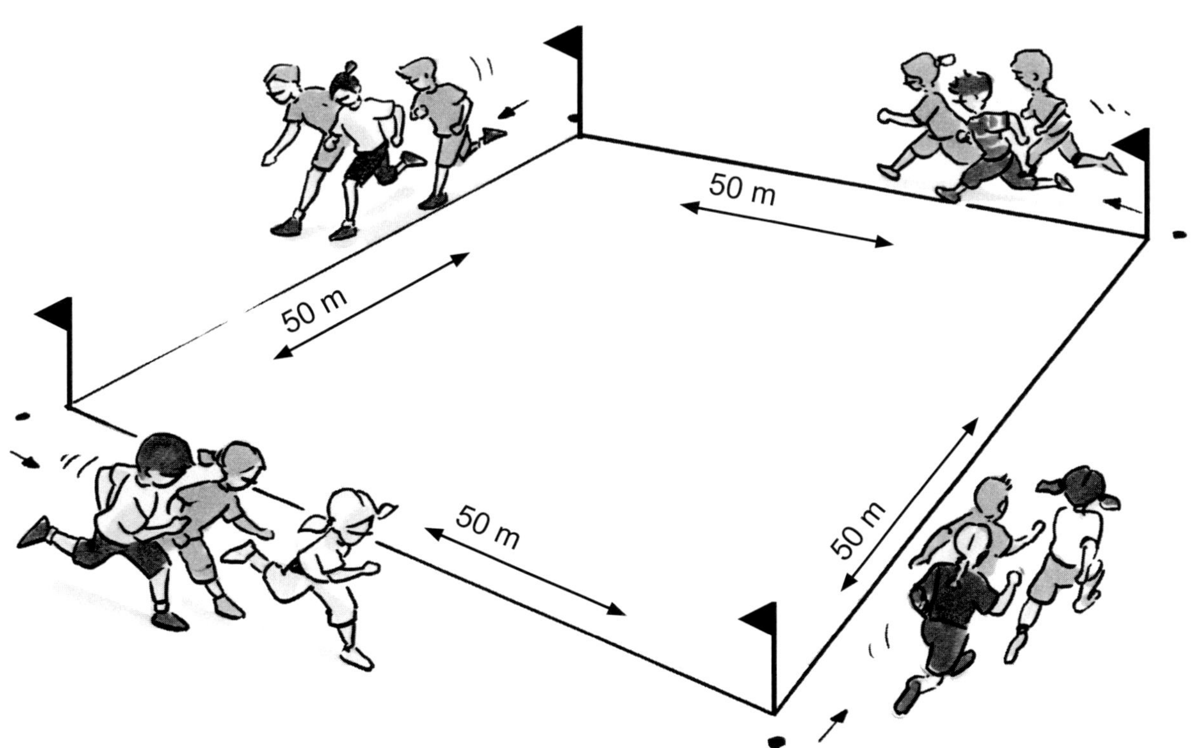

KOHL VERLAG Leichtathletik für Kinder & Jugendliche SEKUNDARSTUFE – Bestell-Nr. 12 345

5 Laufen

Kurvenlauf im Gelände. Der Sportlehrer läuft mit seiner Klasse/Gruppe langsam einige (6-8) Min. mit großen bogenförmigen Laufwegen im Park/im Gelände. Die Gruppe sollte dabei möglichst zusammenbleiben. Schüler, die dem ruhigen Lauftempo nicht ganz folgen können, dürfen die Strecke immer wieder abkürzen und engere Kurvenradien laufen. Auf diese Weise können auch laufschwächere Schüler den Anschluss immer wieder herstellen.

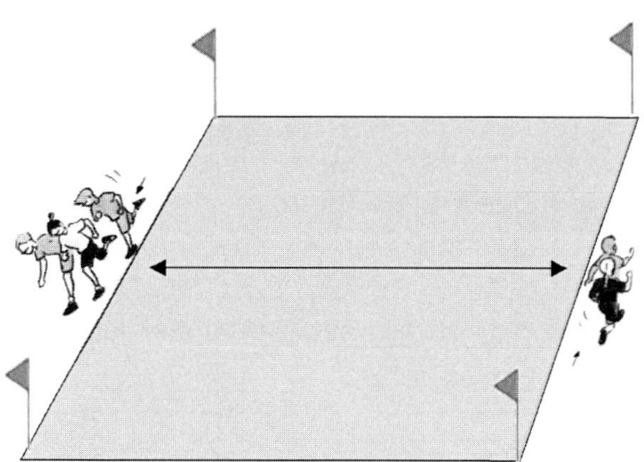

Vierecklauf mit Minutenvorgabe
Seitenlänge ist 50 m. Ein Umlauf beträgt somit 200 m. Zwei Gruppen stehen sich diagonal an zwei Ecken gegenüber. Sie müssen so laufen, dass sich ihre Abstände nicht verändern, d.h. beide Gruppen müssen ihre Laufgeschwindigkeit aufeinander abstimmen. Die erste Laufzeit beträgt 2 Min. Anschließend laufen die Gruppen 3, 4 und 5 Min.

„Hütchen“ zählen – Laufzeit 1 Min. Das Laufquadrat hat eine Seitenlänge von 50 m. An jedem Pylon stehen 3-6 Schüler, auf Signal des Sportlehrers laufen alle Schüler los und zählen dabei jedes umlaufene Hütchen. Nach 1 Min. ertönt der Pfiff des Sportlehrers und die Schüler nennen (merken sich) die Anzahl der umlaufenen Pylone. Sie drehen sich alle um und laufen in entgegengesetzter Richtung zurück. Dabei sollten sie nach 1 Minute die Anzahl der gemerkten Hütchen wieder umlaufen und den Ausgangspunkt erreicht haben.
Die Laufzeit auf 2 und 3 Min. erhöhen.

Hinweis: Natürlich kann dieser Lauf auch auf der Rundbahn durchgeführt werden, indem alle 50 m ein Pylon aufgestellt wird.

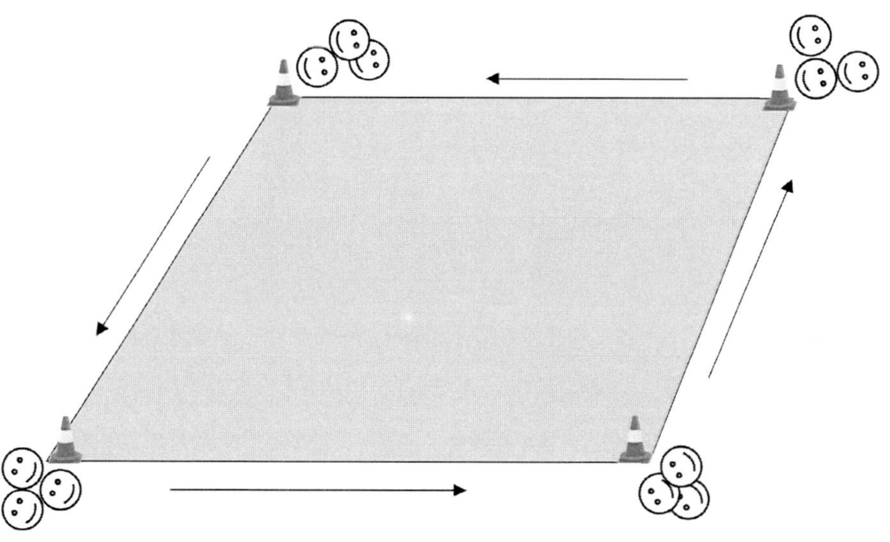

5 Laufen

Zeitschätzläufe auf der Bahn

Die Schüler erhalten die Aufgabe, zwischen 2 und 5 Min. zu laufen, z.B. gibt der Sportlehrer die Zeit von 2 Min. vor. Auf Signal laufen alle los, jeder bestimmt sein eigenes Lauftempo. Wer meint, dass die 2 Min. erreicht sind, bleibt stehen. Der Sportlehrer notiert sich die Schüler und die realen Zeiten, z.B. A = 1:45 Min., B = 2:05 Min. Evtl. muss hierbei ein anderer Schüler helfen. Es gewinnt der Schüler, der die geringste Zeitdifferenz aufweist.

Umkehrlauf auf der Bahn

Es werden mehrere Gruppen von etwa gleichstarken Läufern gebildet. Die Schüler bekommen die Aufgabe, 4 Min. ein gleichmäßiges Dauerlauftempo zu laufen. Der Sportlehrer gibt nach 2 Min. ein akustisches Signal – nun muss die gleiche Strecke zurückgelaufen werden. Wer am Ende der 4 Min. die Startlinie zielgenau erreicht, hat gewonnen.

Hindernislauf auf dem Sportplatz

Die räumlichen Möglichkeiten des Sportplatzes kann man für einen Hindernislauf nutzen.
Z.B.: Start auf dem Rasen – Traben – Lauf über die Kinderhürden – Durchlaufen der Weitsprunggrube – Traben – Überlaufen der Bananenkartons – Traben – an der einen Seite der Stadiontreppe hochlaufen und auf der anderen hinablaufen – Traben bis zum Start usw.
Je nach Leistungsstand kann dieser Parcours mehrere Male durchlaufen werden.
Wichtig ist, dass die Schüler langsam und ohne Pausen laufen.

Hinweis: Dieser Vorschlag muss natürlich aufgrund der jeweiligen Gegebenheiten modifiziert werden.

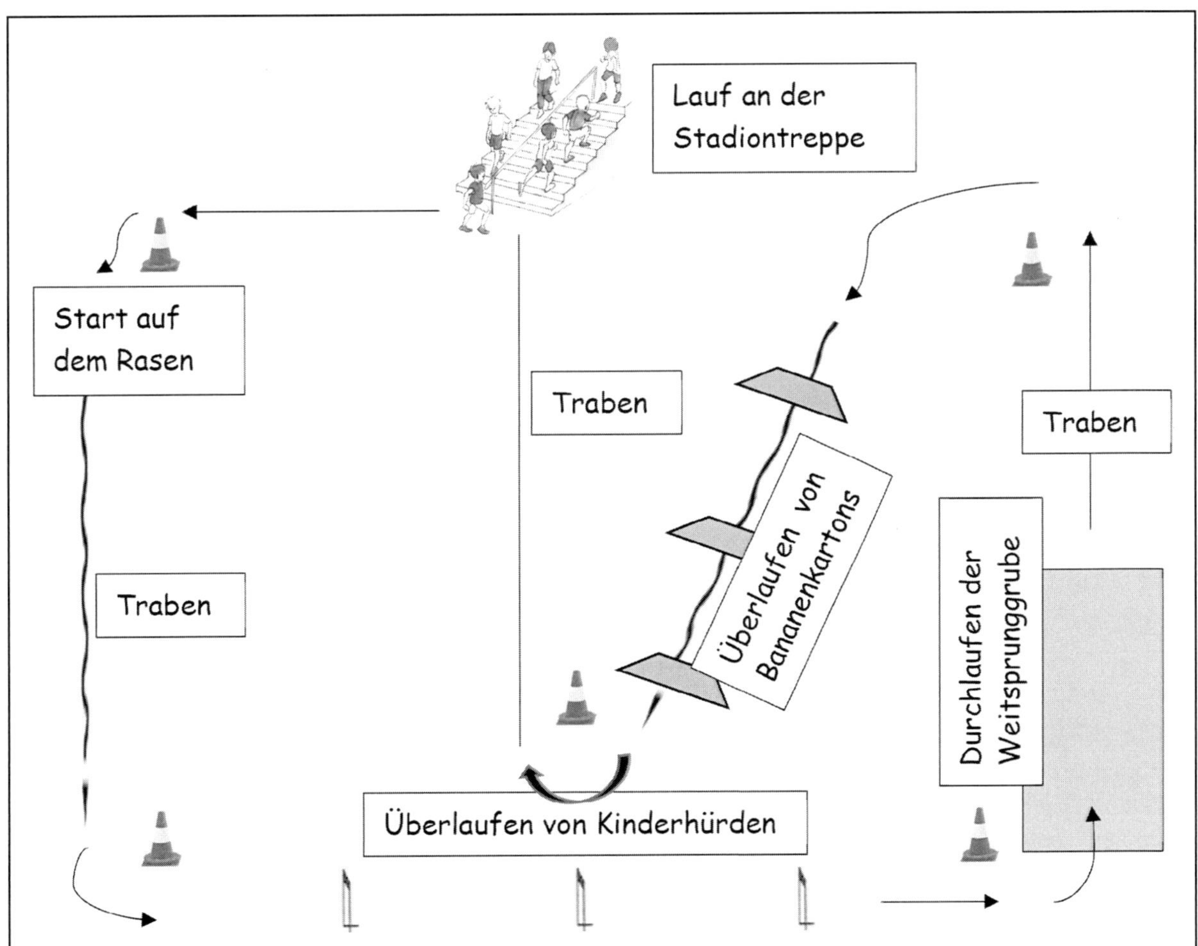

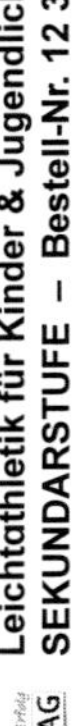
KOHL VERLAG Leichtathletik für Kinder & Jugendliche SEKUNDARSTUFE – Bestell-Nr. 12 345

5 Laufen

Geländelauf mit Bewegungsaufgaben

Der Geländelauf wird unter Ausnutzung der natürlichen Gegebenheiten im nahegelegenen Park oder ähnlichem Gelände durchgeführt. Der Rundkurs muss entsprechend der örtlichen Voraussetzungen ausgewählt und durchlaufen werden. Bei unserem Beispiel werden einfache Bewegungsaufgaben (Slalomlauf, Sprünge über Gräben und Baumstämme usw.) gelöst. Das langsame Laufen soll durch die Aufgaben nicht unterbrochen werden.

Hinweise: Ein Geländelauf ist sehr abwechslungsreich, den Schülern wird die Belastung meistens nicht so bewusst – das ausdauernde Laufen fällt ihnen dadurch leichter! Laufschwächere Schüler können bei diesen Läufen evtl. auch abkürzen und damit wieder zur Gruppe aufschließen.

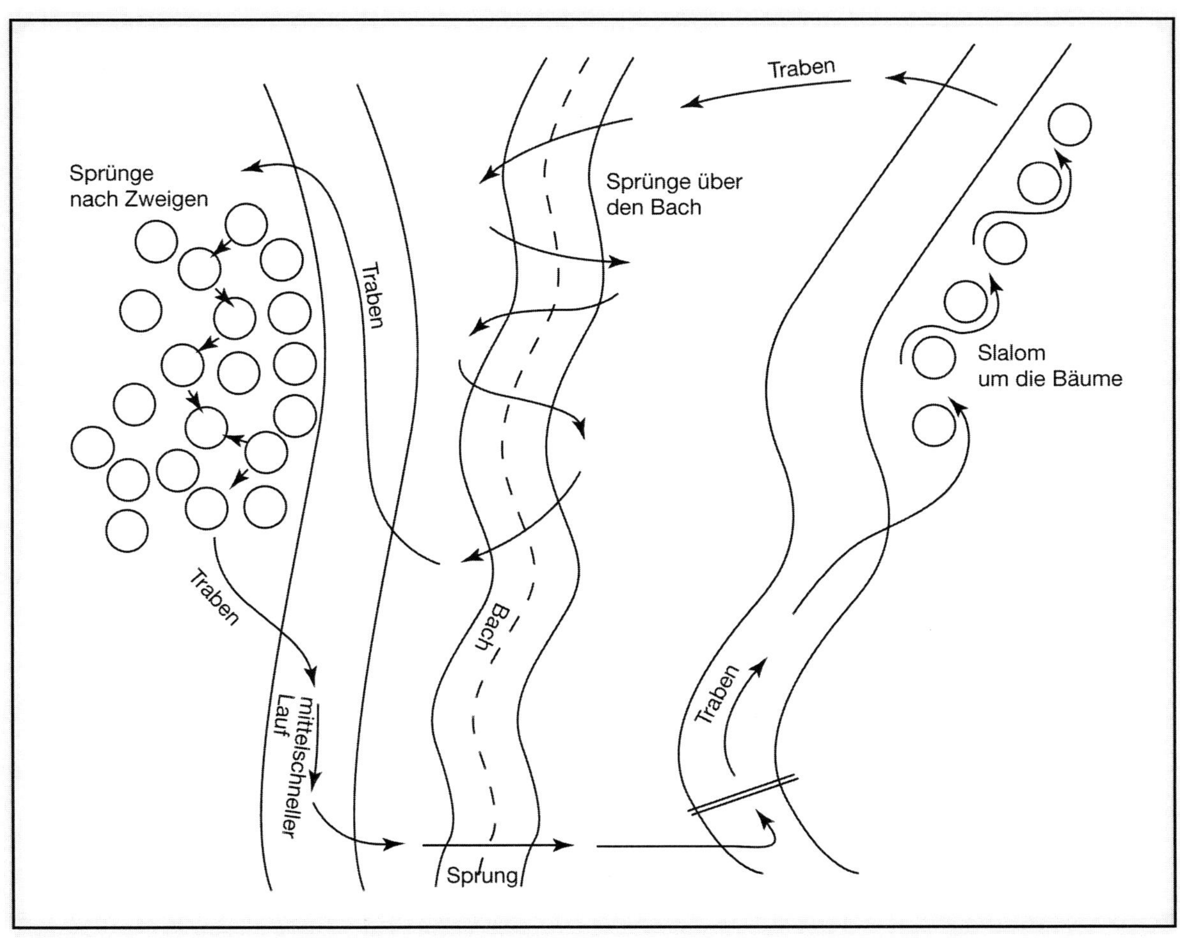

„Fahrtspiel"– Dauerläufe mit wechselndem Tempo

Ein interessantes Angebot für laufstärkere Schüler/Gruppen sind Dauerläufe mit wechselndem Tempo. „Fahrtspiele" lassen sich auf der Bahn und im Gelände durchführen. Bei den Läufen auf der Bahn werden vorher die entsprechenden Markierungen angebracht.
Da im Gelände schwer Markierungen anzubringen sind, wird das Fahrtspiel nach der Uhr durchgeführt.
Begonnen wird mit 2 Min. traben – dann folgt ein Lauf mit mittlerem Tempo von 1 Min. – es schließt sich ein Lauf mit schnellem Tempo von 20 Sek. an – danach wird wieder 2 Min. getrabt – es folgt ein schneller Lauf von 20 Sek. – danach wird wieder 1 Min. getrabt – daran schließt sich ein Steigerungslauf von ca. 50/75 m an – es folgt ein Lauf mit mittlerem Tempo von 1 Min. und schließlich wieder 2 Min. traben zum Auslaufen.

Hinweis: Der Sportlehrer muss das hier genannte Beispiel hinsichtlich Streckenlänge, Tempo und Umfang auf das Leistungsvermögen seiner Klasse oder Gruppe abstimmen.

5 Laufen

Beim Treffen wenden
Zwei Schüler starten gleichzeitig in entgegengesetzter Richtung auf einer bekannten und übersichtlichen Rundstrecke. Wenn sie sich treffen, kehren sie um und versuchen gleichzeitig wieder an der Startlinie anzukommen. Diese Übungsform muss evtl. mehrere Male wiederholt werden, um das Tempogefühl zu schulen.

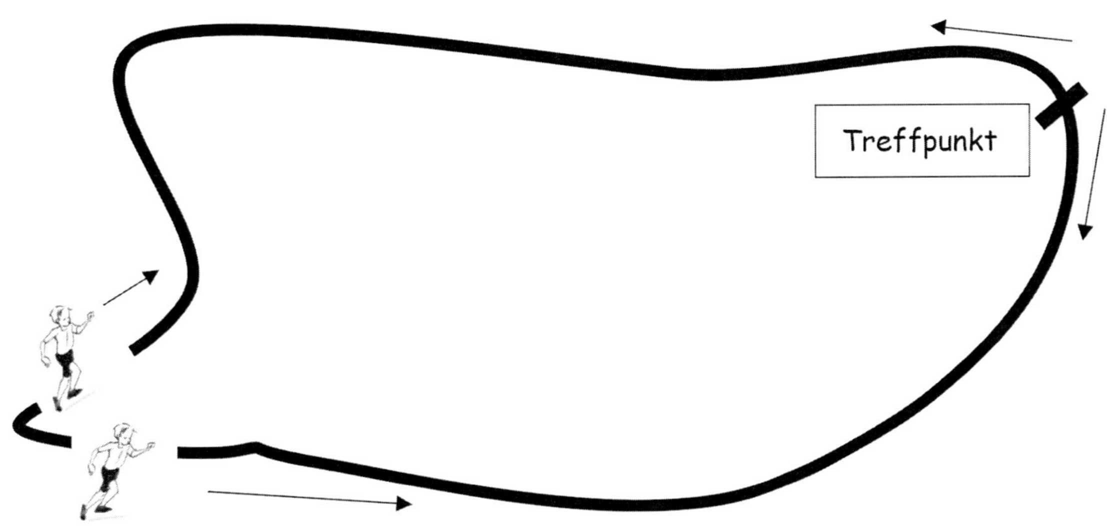

Laufe dein Alter
Die Schüler laufen die Anzahl ihrer Lebensjahre in Minuten. Hierbei spielt es überhaupt keine Rolle, wieviel Meter (wie viele Runden) der jeweilige Schüler läuft.
Wichtig ist nur, dass wirklich ausdauernd und ohne Gehpausen gelaufen wird.
Hinweis: Der Rundkurs muss übersichtlich sein, evtl. sollte anfangs auf der Rundbahn gelaufen werden.

Ausdauerndes Laufen vorbereiten – Lauf- und Geheinheiten intervallmäßig kombinieren
Bei manchen Schülern ist es auch sinnvoll, zunächst den Dauerlauf mit Gehpausen intervallmäßig zu kombinieren. Kontinuierlich werden dann die Gehpausen verkürzt und die Laufphasen verlängert. Damit wird in den Sportstunden gemeinsam begonnen und möglichst in der Freizeit fortgesetzt (Übungs- und Trainingsplan). Natürlich muss der Übungs- und Trainingsplan immer auf den jeweiligen Schüler ausgerichtet sein.

Beispiel:

1. Woche: 3 • 2 Min. Dauerlauf (langsam), dazwischen immer 2 Min. flottes Gehen
2. Woche: 5 • 2 Min. Dauerlauf, dazwischen immer 2 Min. flottes Gehen
3. Woche: 5 • 2 Min. Dauerlauf, dazwischen immer 1 Min. flottes Gehen
4. Woche: 3 • 3 Min. Dauerlauf, dazwischen immer 1 Min. flottes Gehen
5. Woche: 3 • 3 Min. Dauerlauf, dazwischen immer ½ Min. flottes Gehen
6. Woche: 2 • 4 Min. Dauerlauf, dazwischen immer ½ Min. flottes Gehen
7. Woche: 2 • 5 Min. Dauerlauf, dazwischen immer ½ Min. flottes Gehen
8. Woche: 1 • 6 Min. Dauerlauf ohne Pausen usw.

Leichtathletik für Kinder & Jugendliche
SEKUNDARSTUFE – Bestell-Nr. 12 345

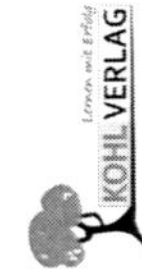

5.5 Staffellauf mit Stabübergabe – Außenwechsel

Staffelläufe in jeder Form sind häufig die Höhepunkte im Sportunterricht. Alle beteiligten Schüler sind emotional stark beteiligt und bringen ihren persönlichen Einsatz für die gemeinschaftliche Leistung ein. Staffeln finden bei den Schülern Anklang, erregen Interesse und lösen Begeisterung aus.[1]

Die Grundformen der Staffelläufe wie Pendelstaffel und Umkehrstaffel kennen die Schüler der Sekundarstufe schon aus der Grundschule, sodass nun das Lernen und Üben der Stabübergabe in Form des Außenwechsels im Mittelpunkt steht.
Beim Außenwechsel trägt der übergebende Schüler den Stab in der linken Hand. Er läuft außen an den übernehmenden Schüler heran und übergibt den Stab in dessen rechte Hand. Der übernehmende Schüler wechselt möglichst schnell den Stab von der rechten in die linke Hand – ein späteres Wechseln würde den Laufrhythmus stören.

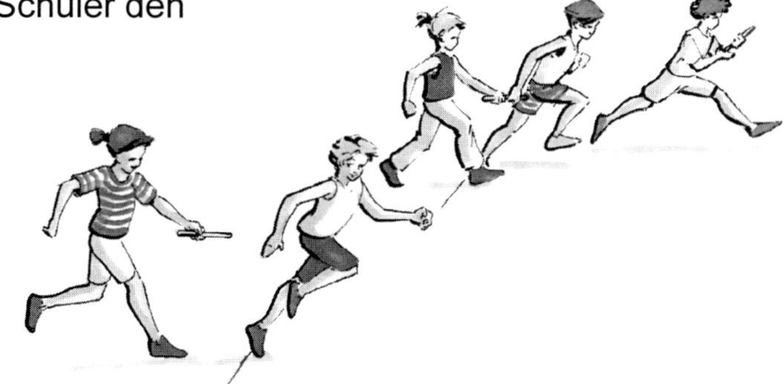

Methodische Übungsreihe (Lernschritte) und Hinweise

1. Umkehrstaffel mit Umlaufen der eigenen Mannschaft

Je nach Klassengröße werden zwei oder drei Gruppen gebildet, die sich hintereinander an der Startlinie aufstellen. Auf Signal des Sportlehrers sprintet der erste Läufer jeder Gruppe los, läuft um das Wendemal und kehrt schnell wieder zurück, umläuft die eigene Mannschaft und übergibt den Staffelstab von hinten an den wartenden Läufer Nr. 2. Wer gelaufen ist, stellt sich hinten an. Es gewinnt die Gruppe, deren letzter Läufer zuerst über die Start-/Ziellinie läuft.

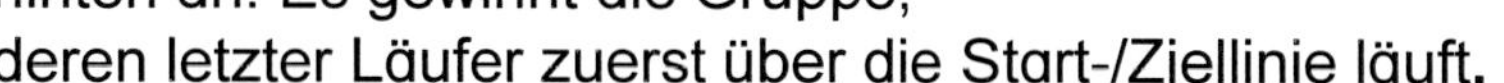

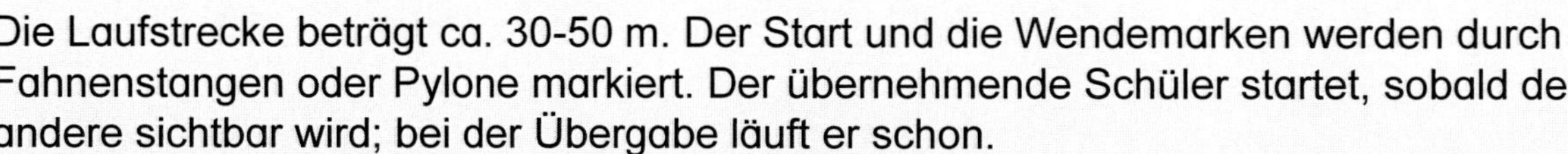

Die Laufstrecke beträgt ca. 30-50 m. Der Start und die Wendemarken werden durch Fahnenstangen oder Pylone markiert. Der übernehmende Schüler startet, sobald der andere sichtbar wird; bei der Übergabe läuft er schon.
Tipp: Durch eine zusätzliche Fahnenstange (siehe Abb.) hinter der Mannschaft kann zusätzlich ein erster Wechselraum markiert werden.

[1] *Kern, U./Söll, W.: Praxis und Methodik der Schulsportarten, S. 186*

Methodische Übungsreihe (Lernschritte) und Hinweise

2. Stabübergabe in Partnerform
Der Sportlehrer zeigt seinen Schülern, wie der Stab mit der linken Hand gehalten und von unten in die daumen-abgespreizte Hand des übernehmenden Schülers gelegt (geschoben) wird. **„Links geben, rechts nehmen!“**
Der Abstand beträgt bei der Stabübergabe ca. 0,50-0,80 m (eine gute Armlänge).
Es werden Paare gebildet, die sich im Abstand von ca. 0,50 m hintereinander aufstellen. Auf Signal des Lehrers gibt der hinten stehende Schüler A mit seiner linken Hand den Stab in die aufnahmebereite rechte Hand des vorn stehenden Schülers B. Anschließend gibt B den Stab zu A zurück.

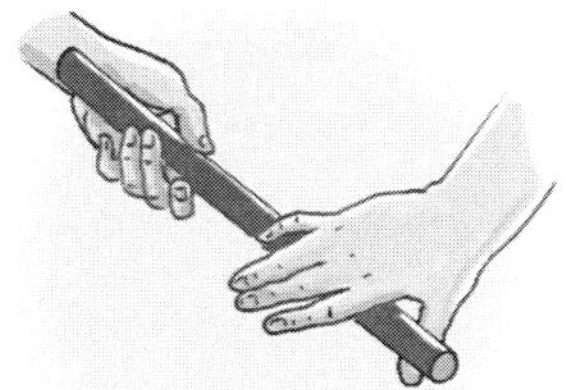

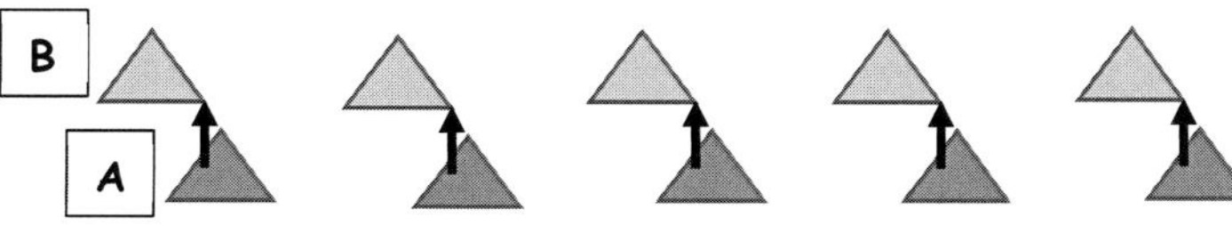

Diese Übungsform einige Male wiederholen. Danach erfolgt Rollentausch.

3. Lernen und Üben des Außenwechsels mit dem Partner
Der übergebende Läufer A trägt den Stab in der linken Hand, er geht außen an den übernehmenden Schüler B und übergibt den Stab in dessen rechte (äußere) Hand.
- Wie vorher, aber im leichten Traben.
- Wie vorher, aber Schüler A überholt Schüler B und es erfolgt nun die Übergabe des Stabes von B an A. Danach überholt Schüler B den Schüler A usw.

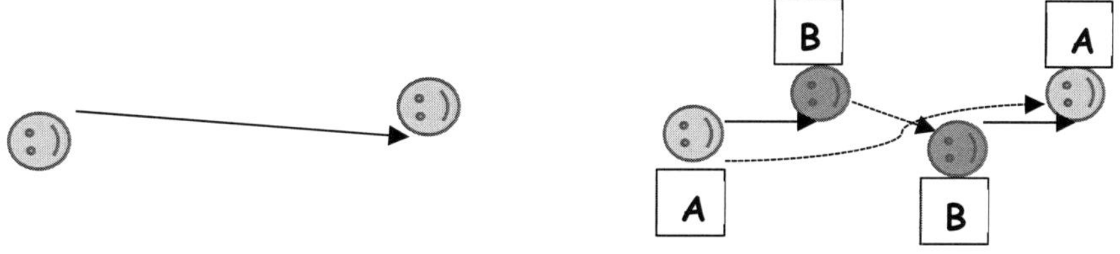

Laufwege = ············➤ Stabübergabe = ——➤

4. Staffelwettlauf in Dreiergruppen. Die Schüler bilden Dreiergruppen, die sich im Abstand von ca. 20 m aufstellen. Auf Signal des Sportlehrers startet der hintere Läufer jeder Gruppe. Nach ca. 20-25 m erfolgt die fliegende Stabübergabe an den mittleren Läufer usw. Es gewinnt die Gruppe, deren vorderer Läufer als erster die Ziellinie überläuft.

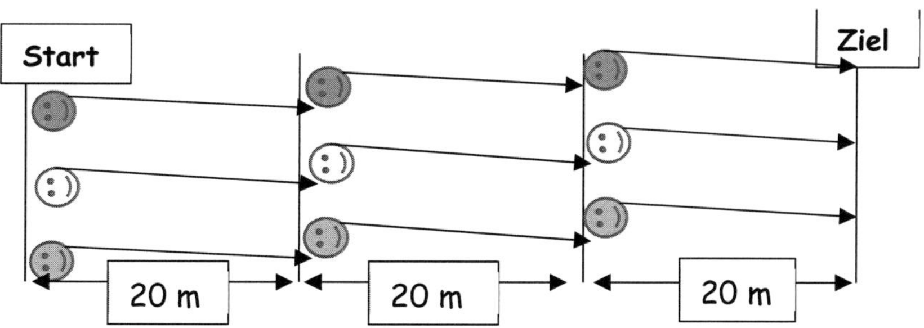

<u>Hinweise</u>: Je nach den Gegebenheiten können die Teilstrecken auf 25-30 m ausgeweitet und die Anzahl der Läufer der Gruppen auf 4-5 vergrößert werden.
Die Läufer 2, 3 und evtl. 4 müssen beim Außenwechsel immer etwas weiter versetzt nach innen stehen. Beim zweiten Durchgang wird der Läufer Nr. 3 zum Startläufer.
Jeder Schüler muss einmal Startläufer gewesen sein.

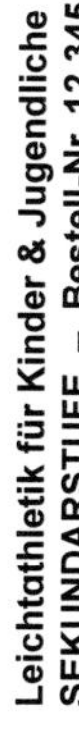
Leichtathletik für Kinder & Jugendliche SEKUNDARSTUFE – Bestell-Nr. 12 345
KOHL VERLAG

Methodische Übungsreihe (Lernschritte) und Hinweise

5. Außenwechsel im Laufen (mittleres Tempo)

Auf Kommando des ankommenden Läufers – „und“ oder „hopp“ – nimmt der übernehmende Schüler den rechten Arm zurück (fast gestreckt, Handinnenfläche nach hinten unten, Daumen abgespreizt). Der Blick des übergebenden Schülers richtet sich auf den Übergabevorgang.

- Wie vorher, aber Schüler A überholt nach der Übergabe Schüler B und dann erneute Übergabe, diesmal von B an A.

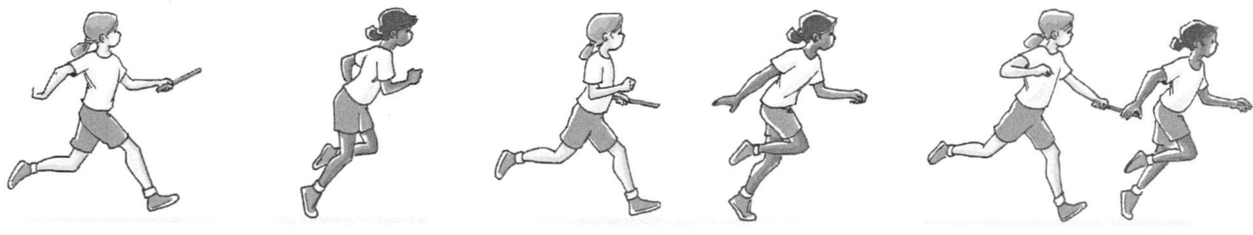

Hinweise: Darauf achten, dass der übernehmende Schüler den Stab sofort von der rechten in die linke Hand wechselt. Diese Übungsform einige Male wiederholen, bis die Schüler immer sicherer werden.

6. Außenwechsel mit Wechselraum[1]

Der übernehmende Schüler läuft los, nachdem der Partner die Ablaufmarke erreicht hat. Die eigentliche Übergabe erfolgt dann erst im Wechselraum.

Hinweise: Zunächst wird die Stabübergabe bei mittlerer Geschwindigkeit geübt.
Der Wechselraum sollte im Schulsport vom Sportlehrer unter Berücksichtigung seiner Schüler flexibel gehandhabt werden.
In erster Linie kommt es darauf an, dass die Stabübergabe bei einer mittleren bis hohen Geschwindigkeit zwischen dem abgebenden Schüler und dem Anläufer gut gelingt.

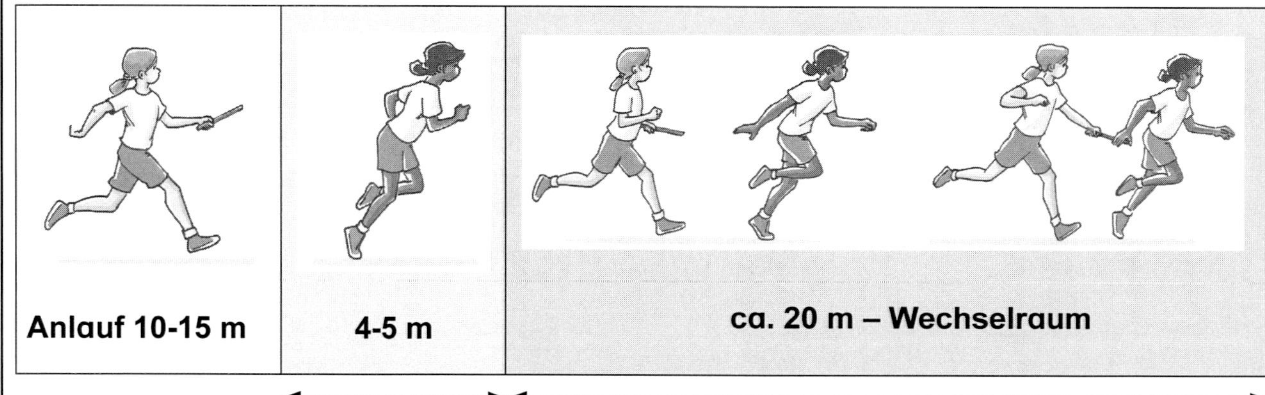

Der Sportlehrer markiert die jeweiligen Bereiche durch Pylone oder Fahnenstangen. Es können immer mehrere Schülerpaare nebeneinander üben. Nach einigen Versuchen tauschen die Schüler ihre Rollen.

[1] *Neu ist ab 2018: Die Wechselräume der Staffeln 4•75 Meter, 4•100 Meter und 4•200 Meter sind dann 30 m lang und nicht mehr 20 m + 10 m Anlaufvorgabe. Für die Sprinter ändert sich dadurch eigentlich nichts: Sie laufen weiterhin an der Stelle los, wo bisher die 10 m Anlaufzone begann und müssen 30 m später den Staffelstab übernommen haben.*

Methodische Übungsreihe (Lernschritte) und Hinweise
7. Umkehrstaffel mit Stabübergabe im Wechselraum Der Außenwechsel wird unter Wettkampfbedingungen geübt. Es werden mehrere Gruppen gebildet, die nun etwa in der Mitte der Laufstrecke stehen. Die Läufer müssen dabei zwei Wendemale umlaufen. Die Übergabe erfolgt immer nur in der Laufphase von links nach rechts.

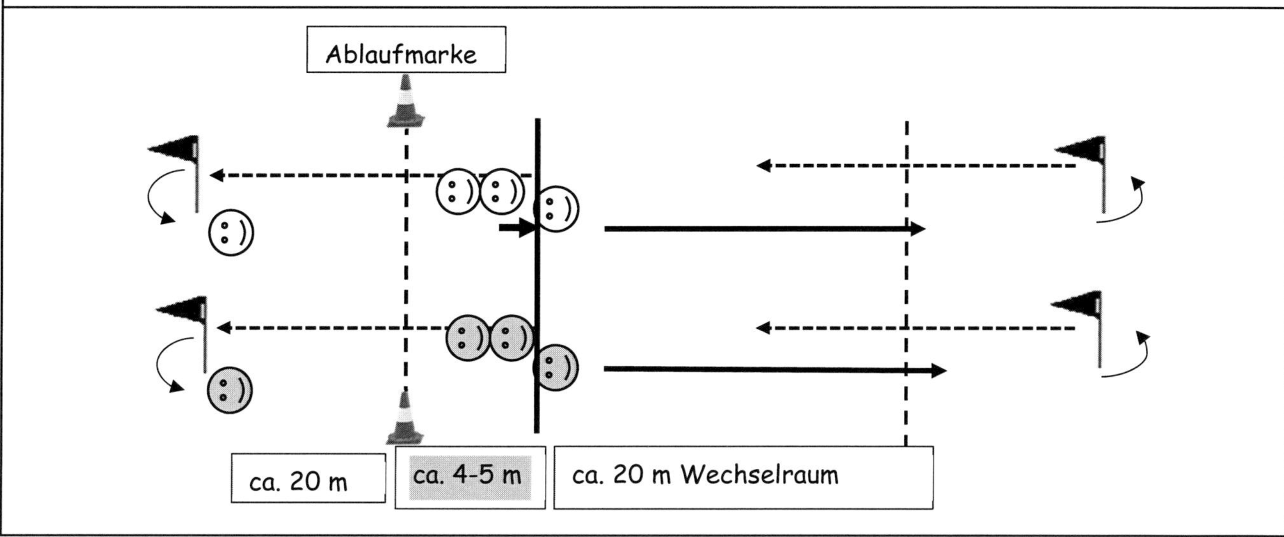

In den folgenden Sportstunden wird der Außenwechsel bei Umkehrstaffeln, Rundenstaffeln und endlosen Staffeln immer wieder angewendet, gefestigt und geformt.

Der Sportlehrer achtet dabei auf folgende Punkte:

- Nach Annahme des Staffelstabes sofortige Übergabe von der rechten in die linke Hand;
- Außenwechsel bei mittlerem und hohem Tempo;
- Anpassung des Wechselraumes an die jeweilige Schülergruppe;
- Übergabe des Staffelstabes möglichst im letzten Teil des Wechselraumes.

„Endlose Staffel" auf der Rundbahn des Sportplatzes. Die Klasse wird in zwei bis drei gleich starke Gruppen aufgeteilt, z. B. je 9 (= 8 + 1) Läufer pro Gruppe. Jeder Läufer legt zunächst 50 m bis zur Übergabe zurück. Gelaufen wird so lange, bis jeder Übende genau einmal um den Platz gelaufen ist. Bei unserem Beispiel legt jeder Läufer insgesamt 400 m intervallmäßig zurück, bis er wieder an seinem Ausgangspunkt angelangt ist. Auf das Startzeichen beginnt der erste Läufer jeder Gruppe am Start, übergibt den Stab mit Außenwechsel an Punkt 2 an den zweiten Läufer jeder Gruppe, der nun zu Punkt 3 läuft usw. Der erste Läufer steht also jetzt an Punkt 2 und wartet auf die Stabübergabe durch den neunten Läufer, der sich noch an Punkt 1 (= Start) befindet. Jeder Läufer bleibt dort stehen, wo er den Stab an seinen nächsten Staffelkameraden übergeben hat.

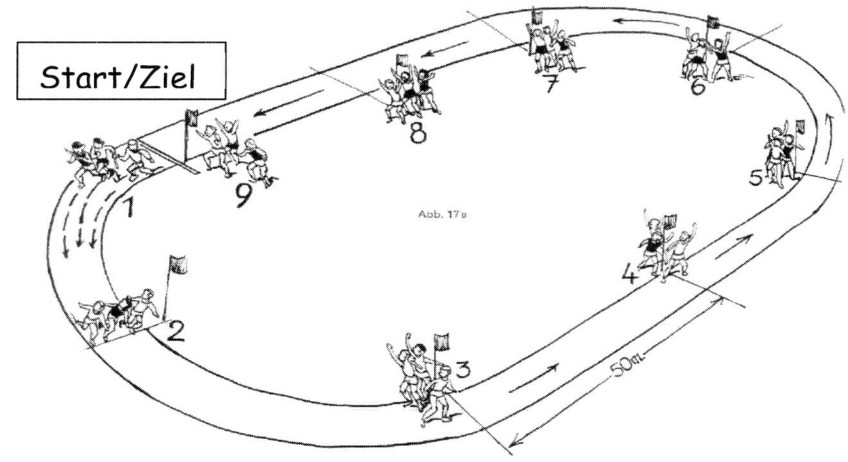

<u>Hinweise</u>: Wenn die Klasse zu klein ist, um mehrere Mannschaften mit 9 Läufern zu bilden, kann man auch die Teilstrecke auf 100 m festlegen, sodass jede Gruppe nur 5 (= 4 + 1) Läufer umfasst.

KOHL VERLAG Leichtathletik für Kinder & Jugendliche SEKUNDARSTUFE – Bestell-Nr. 12 345

5.6 Wertungstabellen Lauf zur Notenfindung – Vorschlag

Die nachfolgende Übersicht dient der Einschätzung der Laufleistung im Sprint und ist als Anregung (grobes Raster) für den Sportlehrer vor Ort zu verstehen.

Natürlich müssen immer auch die individuellen Voraussetzungen und die Einsatz- bzw. Anstrengungsbereitschaft des jeweiligen Schülers bei der Notenfindung berücksichtigt werden.

Note	11 Jahre Klasse 5 50 m		12 Jahre Klasse 6 50 m		13 Jahre Klasse 7 75 m		14 Jahre Klasse 8 75 m		15 Jahre Klasse 9 100 m		16 Jahre Klasse 10 100 m	
	Ju	Mä	Ju	Mä	Ju	Mä	Ju	Mä	Ju	Mä	Ju	Mä
1	8,0	8,3	7,7	8,1	11,0	11,5	10,7	11,3	13,3	14,6	12,9	14,3
1-	8,1	8,4	7,8	8,2	11,1	11,6	10,8	11,4	13,4	14,8	13,0	14,5
1,5	8,2	8,5	7,9	8,3	11,2	11,7	10,9	11,5	13,5	15,0	13,1	14,7
2+	8,3	8,6	8,0	8,4	11,3	11,8	11,0	11,6	13,7	15,2	13,3	14,9
2	8,4	8,7	8,1	8,5	11,4	11,9	11,1	11,7	13,9	15,4	13,5	15,1
2-	8,5	8,8	8,2	8,6	11,6	12,0	11,2	11,8	14,1	15,6	13,7	15,3
2,5	8,6	8,9	8,3	8,7	11,8	12,2	11,4	12,0	14,3	15,8	13,9	15,5
3+	8,7	9,0	8,4	8,8	12,0	12,4	11,6	12,2	14,5	16,0	14,1	15,7
3	8,8	9,1	8,5	8,9	12,2	12,6	11,8	12,4	14,7	16,2	14,3	15,9
3-	9,0	9,3	8,7	9,0	12,4	12,8	12,0	12,6	14,9	16,4	14,5	16,1
3,5	9,2	9,5	8,9	9,2	12,6	13,0	12,2	12,8	15,2	16,6	14,8	16,3
4+	9,4	9,7	9,1	9,4	12,8	13,2	12,4	13,0	15,5	16,8	15,1	16,5
4	9,6	9,9	9,3	9,6	13,0	13,4	12,6	13,2	15,8	17,0	15,4	16,7
4-	9,8	10,1	9,5	9,8	13,2	13,6	12,8	13,4	16,1	17,3	15,7	17,0
4,5	10,0	10,3	9,7	10,0	13,5	13,8	13,1	13,6	16,4	17,6	16,0	17,3
5+	10,2	10,5	9,9	10,2	13,8	14,1	13,4	13,8	16,7	17,9	16,3	17,6
5	10,4	10,7	10,1	10,4	14,1	14,4	13,7	14,1	17,1	18,2	16,6	17,9
5-	10,7	10,9	10,4	10,6	14,4	14,7	14,0	14,4	17,5	18,5	17,0	18,2
5,5	11,0	11,1	10,7	10,8	14,7	15,0	14,3	14,7	17,9	18,8	17,4	18,5
6+	11,3	11,3	11,0	11,0	15,0	15,3	14,6	15,0	18,3	19,1	17,8	18,8
6	11,6	11,5	11,3	11,2	15,4	15,6	15,0	15,3	18,7	19,5	18,2	19,2

[1] *Regierungspräsidium Freiburg, Abteilung Schule und Bildung, Referat Sport, Dr. Karl Friedmann/Bernd Keller/Jörg Haas*

6 Springen

Die Leichtathletik beschäftigt sich mit dem „Sprung an sich“, dem in die Weite und in die Höhe.[1] Schülerinnen und Schüler wollen erfahren, wie weit und wie hoch sie springen können. Die im Primarbereich erlernten Grundformen werden angewendet und erweitert, gefestigt und geformt.

Hochsprung

Der Flop[2] wird heute in allen Altersstufen als die zweckmäßigste Hochsprungtechnik angesehen und ist von vielen Schülern in der Grobform erlernbar. Um „hoch zu springen“ ist aber für manche Schüler eine einfachere Technik wie der Schersprung oder der „Straddle“ (Wälzer) geeigneter. Es muss jedenfalls sichergestellt werden, dass die Schüler auch wirklich hochspringen, und nicht nur „floppen“.[3]

Weitsprung

Um weit zu springen, wenden die meisten Schüler den Schrittweitsprung[4] (Absprunghaltung lange beibehalten und das Sprungbein erst spät nachziehen) an. Der aus dem Leistungssport bekannte Laufsprung setzt eine bestimmte Sprungweite voraus und kommt deshalb für die Mehrzahl der Schüler nicht in Betracht. Um die Möglichkeit einer Auswahl zu haben, bietet der Sportlehrer seinen Schülern die Hangsprungtechnik an.

Dreisprung Stabspringen

Viele Jungen und Mädchen sind hoch motiviert und möchten die Disziplinen (Techniken) von bekannten Leichtathleten (ihren Vorbildern) aus dem Fernsehen ausführen. Die Schüler der Sekundarstufe lernen deshalb auch neue Disziplinen wie die Hangsprungtechnik, den Dreisprung und das fast vergessene Stabspringen an.

Kondition

Wer weit springen will, muss über eine hohe Anlaufgeschwindigkeit und eine gute Sprungkraft verfügen, d.h. es ist nicht die jeweilige Technik entscheidend, sondern vielmehr die körperlich-konditionellen Voraussetzungen des Schülers.

Training

Beim oftmaligen Wiederholen, Üben, Festigen und Formen erlernter Techniken werden auch immer die genannten körperlichen Fähigkeiten angesprochen und „trainiert“.

Sprung-erfahrungen

Um die Sprungerfahrungen zu erweitern und die Sprungkraft sowie die koordinativen Fähigkeiten der Schüler zu verbessern, sollten in der Vorbereitung für alle Sprungdisziplinen immer wieder vielfältige Sprungformen variantenreich ausgeführt werden. Häufig werden Gerätehilfen zur Unterstützung eingesetzt.

Aus den beispielhaften Übungsformen kann sich der Sportlehrer für seine Gruppe eine entsprechende Auswahl zusammenstellen. Diese Angebote erheben keinen Anspruch auf Vollständigkeit, verdeutlichen aber die vielfältigen Möglichkeiten des leichtathletischen Springens auf dem Sportplatz und in der Sporthalle.

Es schließen sich praktisch erprobte methodische Übungsreihen an, die es dem Sportlehrer erleichtern, seinen Schülern die Grobform der angestrebten leichtathletischen Disziplin zu vermitteln.

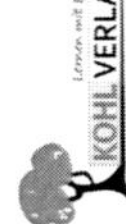

---

[1] *Kern, U./Söll, W.: Praxis und Methodik der Schulsportarten, S. 164*

[2] *Lütgeharm, R.: Grundschule – Leichtathletik für Kinder & Jugendliche, S. 49*

[3] *Kern, U./Söll, W.: Praxis und Methodik der Schulsportarten, S. 169*

[4] *Lütgeharm, R.: Grundschule – Leichtathletik für Kinder & Jugendliche, S. 43*

6 Springen

Hauptbestandteile des leichtathletischen Springens mit Schülern der Sekundarstufe

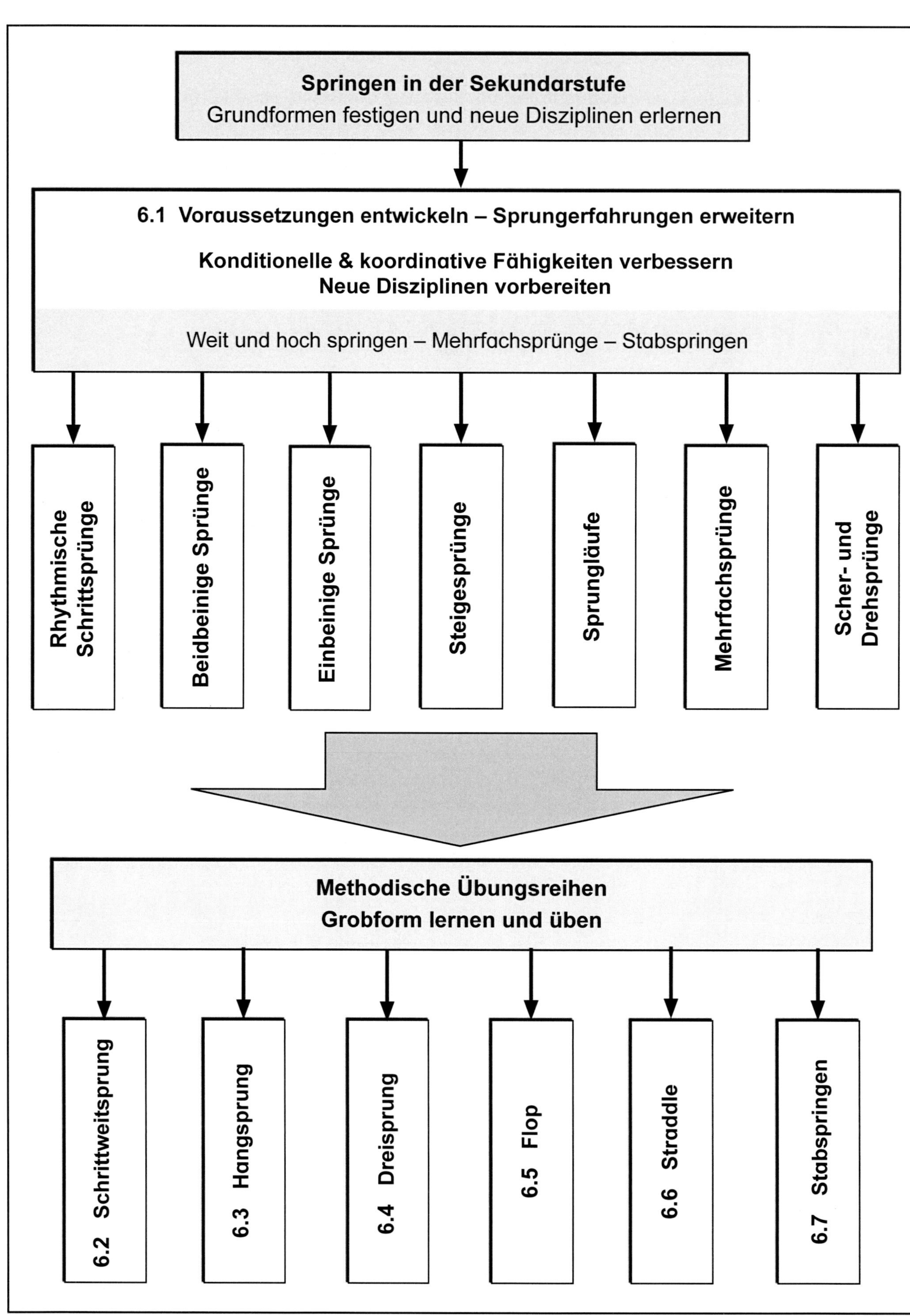

KOHL VERLAG Leichtathletik für Kinder & Jugendliche SEKUNDARSTUFE – Bestell-Nr. 12 345

6 Springen

6.1 Voraussetzungen entwickeln – Sprungerfahrungen erweitern

Rhythmische Schrittsprünge

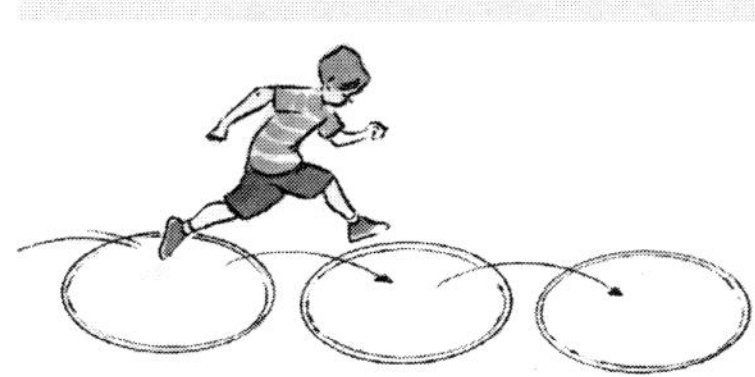

Rhythmische Schrittsprünge von Gymnastikreifen zu Gymnastikreifen.

Rhythmisches Durchlaufen der in Reihe stehenden Kastenteile.

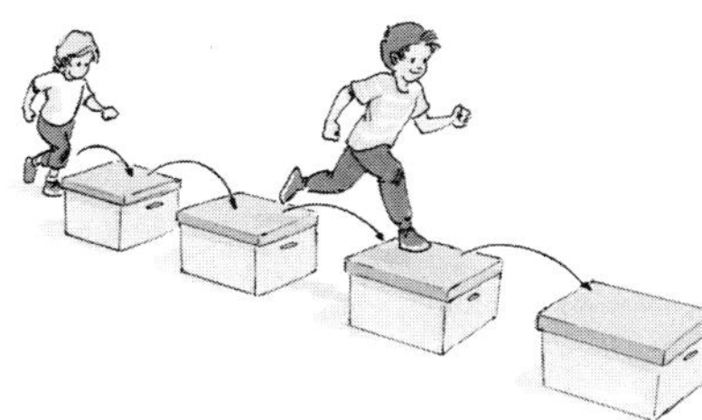

Schrittsprünge von Kasten zu Kasten. Die Abstände so gestalten, dass auf jedem kleinen Kasten nur ein Fuß aufgesetzt werden muss.
Wie vorher, aber Schlusssprünge von Kasten zu Kasten ausführen.

Sprünge über kleine Hindernisse wie Bananenkartons. Zwischen den Kartons erfolgt immer ein kleiner Zwischenschritt, sodass immer mit dem selben Bein abgesprungen werden kann.

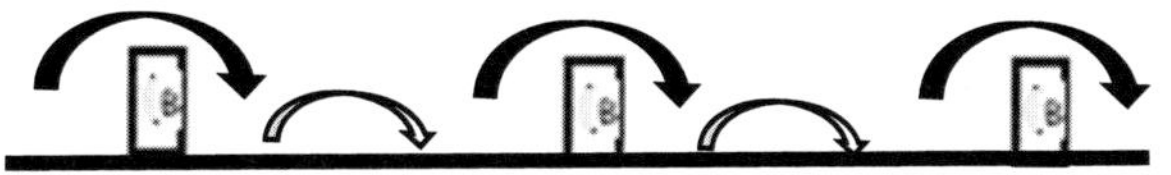

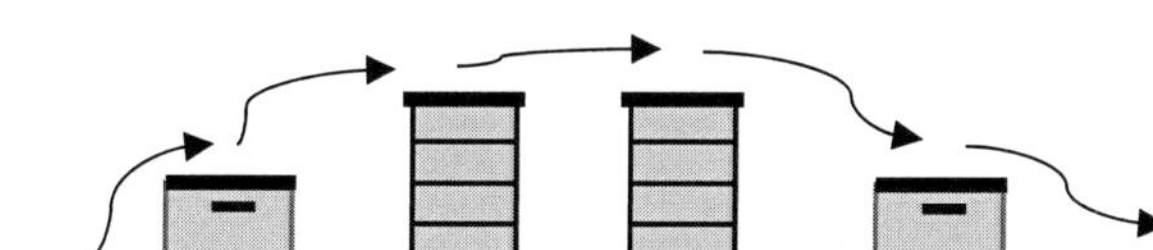

Schrittsprünge an einer Kastentreppe.

Schrittsprünge an der Kastentreppe und **beidbeinige Landung** auf dem Weichboden.

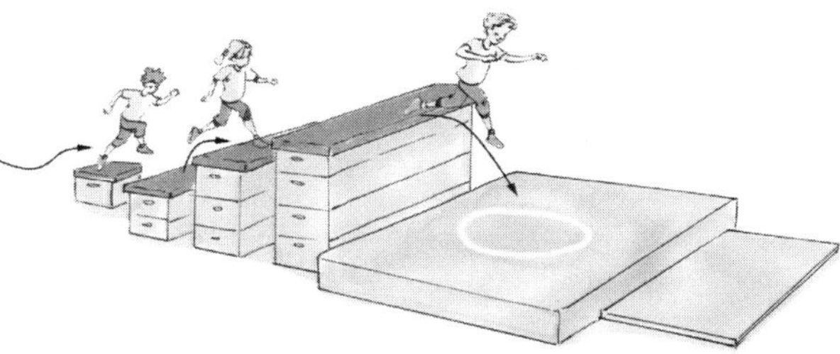

Beidbeinige Sprünge

Beidbeinige Sprünge (Schlusssprünge) durch aneinandergereihte Kastenteile.

Wie vorher, aber in das erste Kastenteil hinein- und zur anderen Seite herausspringen. Danach einen oder evtl. auch zwei kleine Hüpfer nach vorne ausführen und in das zweite Kastenteil springen usw.

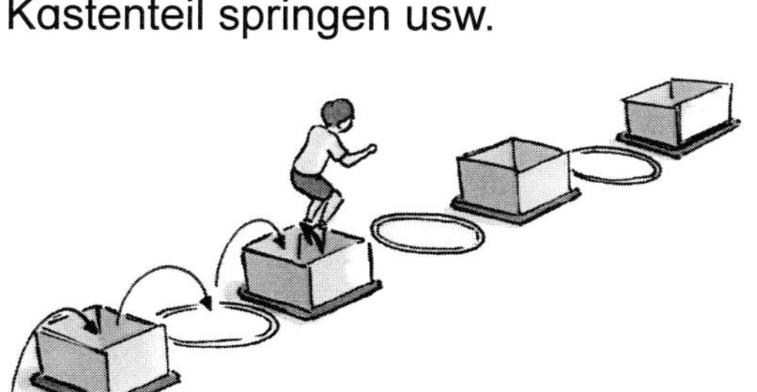

Beidbeinige Sprünge vom umgedrehten kleinen Kasten in den Gymnastikreifen und wieder in den kleinen Kasten usw.
Hinweis: Diese Übung evtl. zunächst mit „normal“ stehenden kleinen Kästen durchführen lassen.

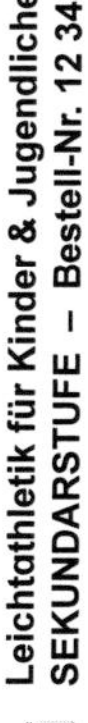

6 Springen

Schlusssprünge an Kastentreppen

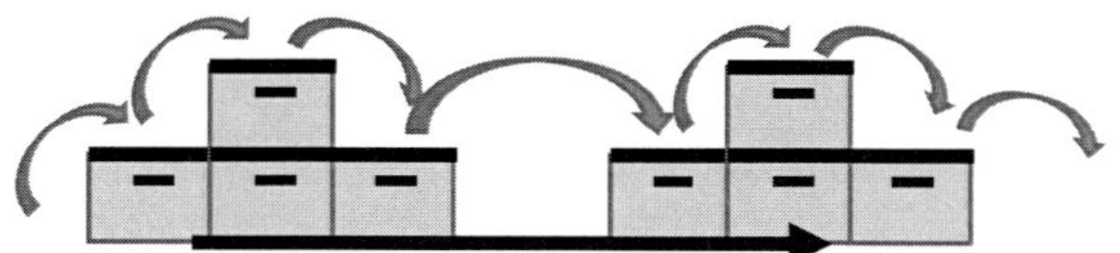

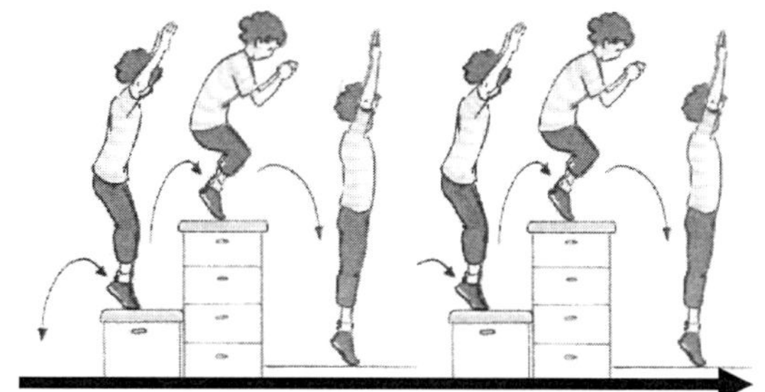

Schlusssprünge an einer Treppe, dabei immer eine Stufe aufwärts überspringen.

Schlusssprünge an einer Treppe, dabei immer eine Stufe aufwärts überspringen, danach eine Stufe abwärts zurückspringen und anschließend wieder einer Stufe aufwärts überspringen usw.

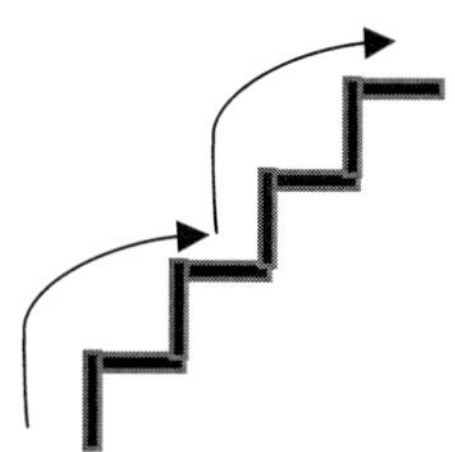

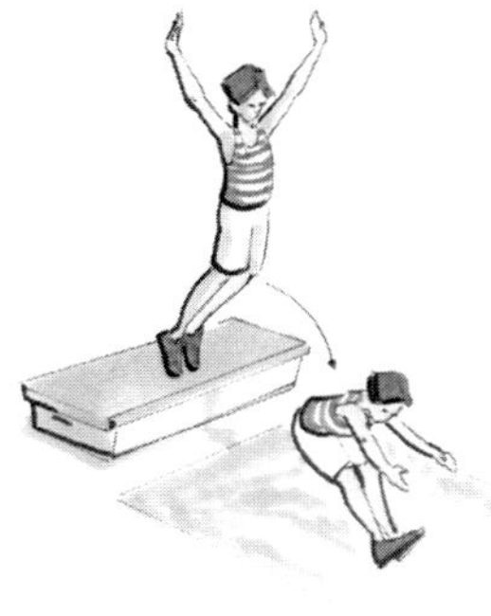

Standweitsprung vom Kastendeckel oder von der Rasenkante in die Weitsprunggrube.
Wie vorher, aber auf dem Sportplatz mehrmals hintereinander.

Einbeinige Sprünge

Einbeinsprünge von Matte zu Matte mit einem Zwischenhüpfer. Erst rechts, danach mit links.

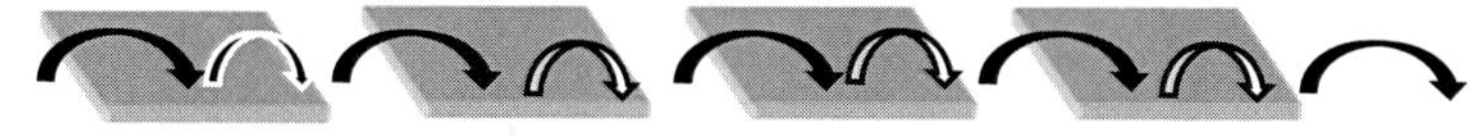

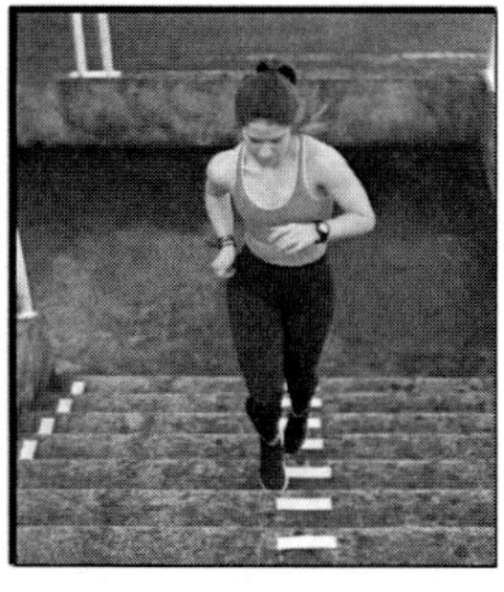

Schnelles Hochlaufen an einer Treppe – jede Stufe muss dabei betreten werden.

Einbeinsprünge an einer Treppe. Jede Stufe muss dabei betreten werden.
Einbeinsprünge an einer Treppe, dabei immer eine Stufe überspringen.

Steigesprünge

Steigesprünge auf kleinen Kasten und/oder Turnbänke. Auf hohen Schwungbeineinsatz achten (Oberschenkel waagerecht). „Tritt mit dem Schwungbeinfuß von oben auf den kleinen Kasten“.

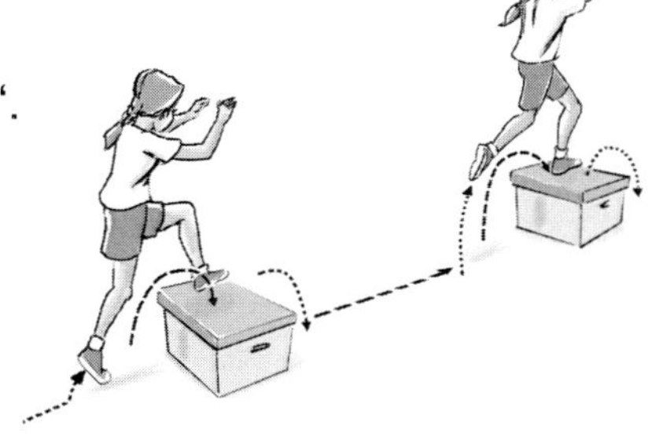

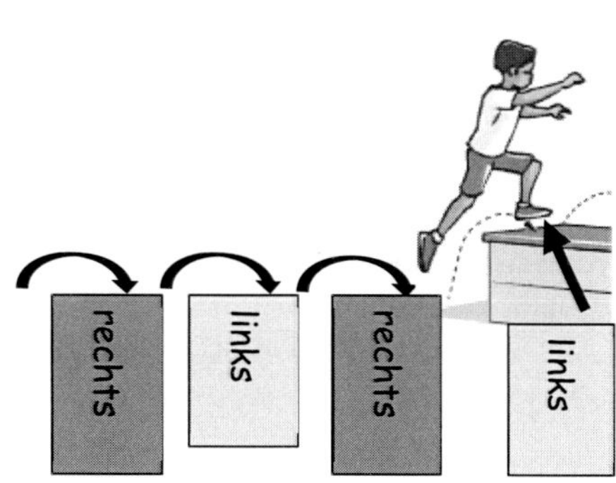

Steigesprung auf einen mittelhohen Kasten mit mehreren Schritten Anlauf

6 Springen

Sprungläufe

Sprungläufe über die Zwischenräume von Matte zu Matte.

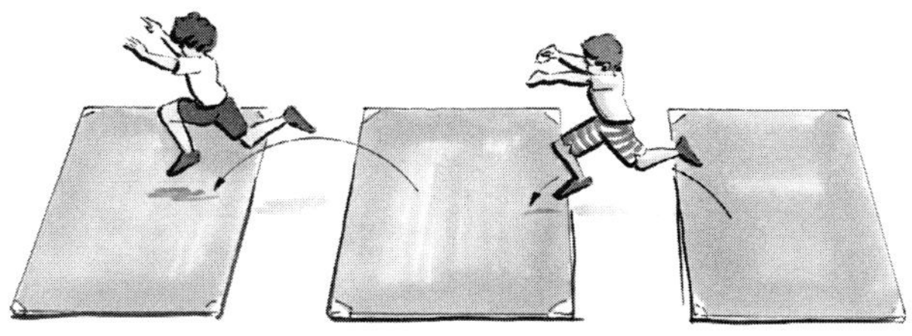

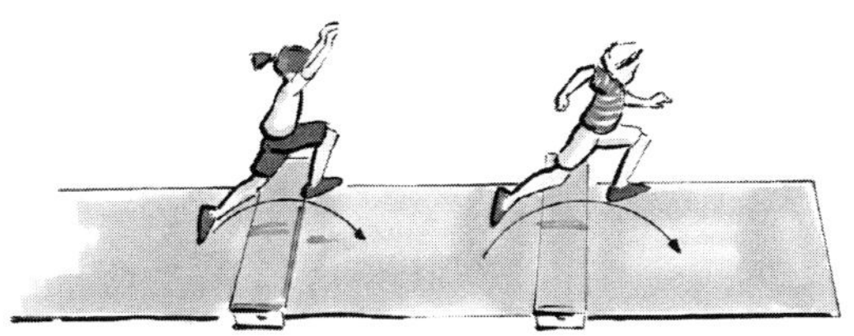

Sprungläufe über Hindernisse wie Kastendeckel oder Schaumstoffblöcke

Sprungläufe an der Kastentreppe

Hinweise: Mit wenigen Anlaufschritten einen flachen, rhythmischen Sprunglauf mit hohem Schwungbeineinsatz bei waagerechtem Oberschenkel und rechtem Kniewinkel ausführen. Bei einem Sprunglauf ist jeder Schritt ein Sprung, d.h. der Schwungbein-Oberschenkel sollte bis zur Waagerechten hochgezogen werden.

Mehrfachsprünge

Mehrfachsprünge: Rechts–rechts–links–links–rechts–rechts usw.
Oder umgekehrt: Links–links–rechts–rechts–links–links usw.

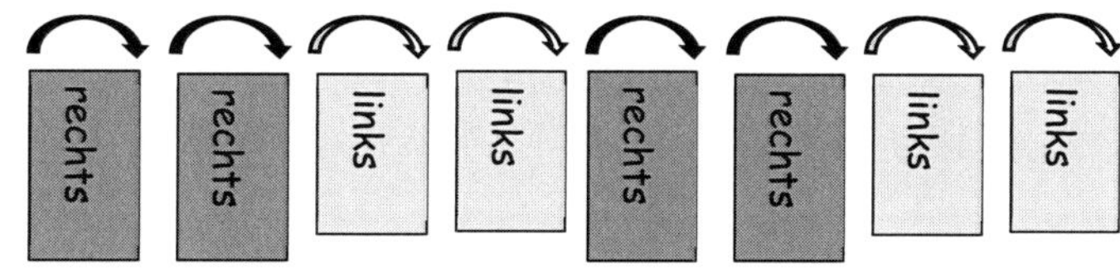

Variation: 3-mal rechts – 3-mal links – 2-mal rechts – 2-mal links usw.

Dreisprung: Rechts–rechts–links und beidbeinige Landung.
Variation: Links–links–rechts und beidbeinige Landung.
Hinweis: Zunächst auf einer Mattenbahn nur die Schrittfolge üben, später folgt dann die Schrittfolge über eine Mattenbahn mit Kastendeckel.

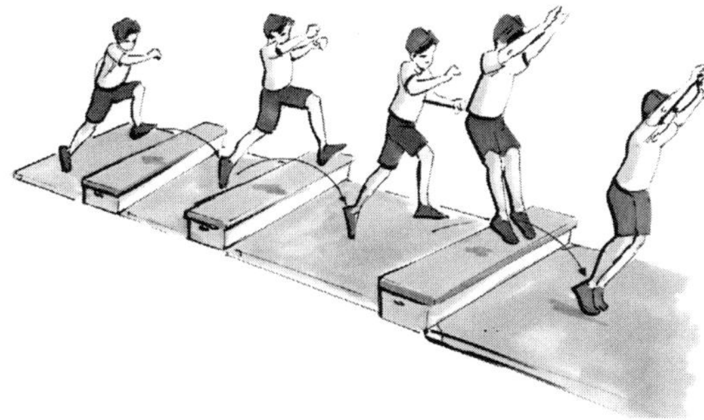

Scher- und Drehsprünge

Schersprünge in Folge über mehrere Turnbänke oder gehaltene Zauberschnüre.

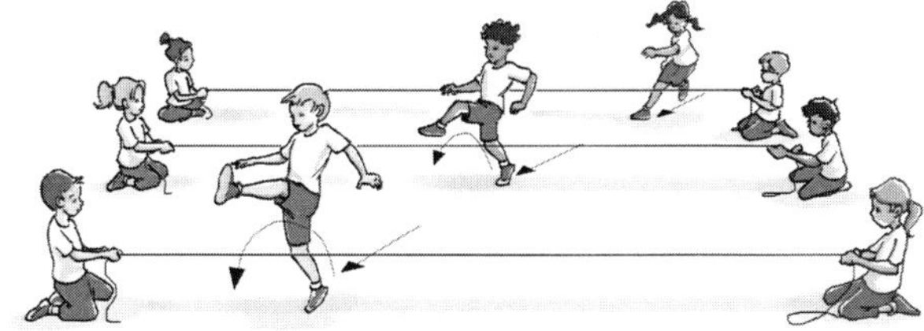

Sprünge mit halber Drehung: Mehrere Schritte Anlauf und Sprung mit ½ Drehung über die Turnbank: Links abspringen – rechts landen oder rechts abspringen – links landen.
Hinweis: Zunächst über Linien und ausgelegte Seile versuchen, danach über Turnbänke und eine gespannte Zauberschnur zwischen den Hochsprungständern springen.

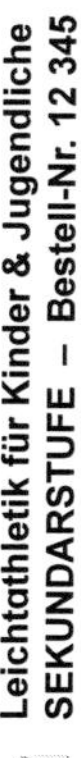

6.2 Schrittweitsprung festigen und formen

Um möglichst weit zu springen, werden die meisten Schüler auch in der Sekundarstufe den Schrittweitsprung (Absprunghaltung lange beibehalten und das Sprungbein erst spät nachziehen) anwenden. Die aus dem Leistungssport bekannten Hangsprung- und Laufsprungtechniken setzen eine bestimmte Sprungweite voraus und kommen für die Mehrzahl der Schüler nicht in Betracht.

In der Regel haben die Schüler die Grobform des Schrittweitsprungs[1] schon in der 3./4. Klasse der Grundschule erlernt und angewendet, sodass nun das Festigen und Formen der Fluggestalt, das zweckmäßige Landen und der Anlauf im Mittelpunkt stehen.

Schrittweitsprung festigen und formen – Hinweise und Tipps
„Vom Steigesprung zum Schrittweitsprung“

1. Schrittweitsprung mit 5-9 Schritten Anlauf und Absprung aus der Absprungzone (30 cm vor dem Balken, 20 cm Balken und 30 cm hinter dem Balken).

20 cm
30 cm
30 cm

Die Schritthaltung lange beibehalten und das Sprungbein erst spät zur raumgreifenden beidbeinigen Landung nachziehen.

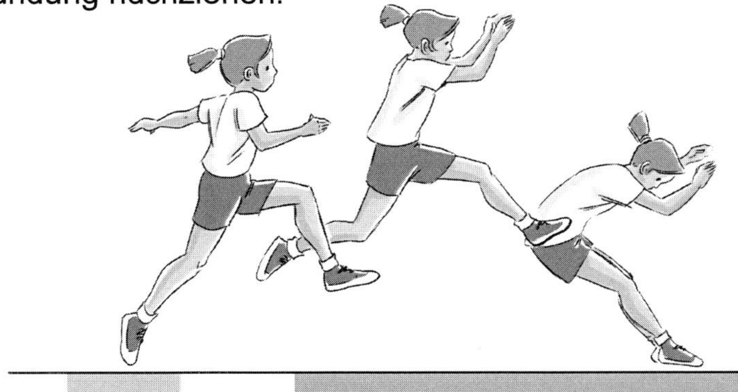

Hinweise: Das Schwungbein möglichst fast bis zur Waagerechten hochziehen. Häufige Wiederholungen durchführen, bis wirklich eine weite Schritthaltung erkennbar wird.

2. Schrittweitsprung mit Absprunghilfe. Damit der Schüler mehr Zeit hat, die „Fluggestalt“ auszuführen und zu „verinnerlichen“, stellt der Sportlehrer Absprunghilfen in Form von kleinen Sprunghügeln zur Verfügung, z.B. Kastendeckel, Sprungbretter oder ähnliche Geräte. Auf dem Sportplatz bieten sich manchmal auch Sprünge von der Rasenkante (liegt höher als der Sand in der Sprunggrube) an.

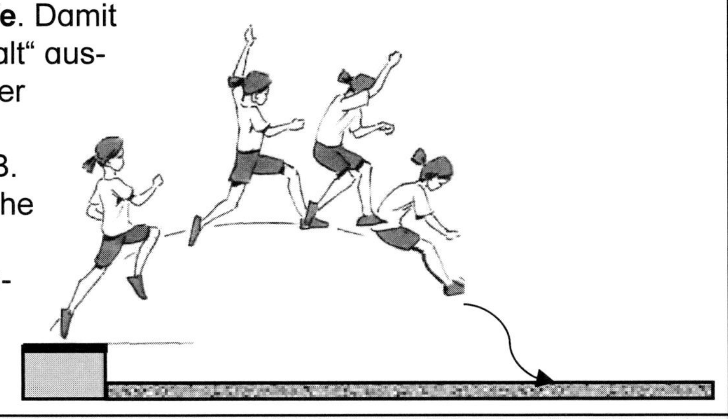

Hinweise: Den Anlauf flüssig in den Absprung umsetzen und beim Absprung durch das Strecken der Hüfte aufrichten. Die Schüler nach ihrem „Sprunggefühl“ befragen, z.B. „Ist der Sprunghügel hilfreich?“

[1] *Lütgeharm, R.: Grundschule – Leichtathletik für Kinder & Jugendliche, S. 43*

Schrittweitsprung festigen und formen – Hinweise und Tipps
„Vom Steigesprung zum Schrittweitsprung“

3. Schrittweitsprung an der Kastentreppe
mit Akzentuierung der letzten drei Schritte:
Rechts–links–rechts (Absprung) oder
Links–rechts–links (Absprung).

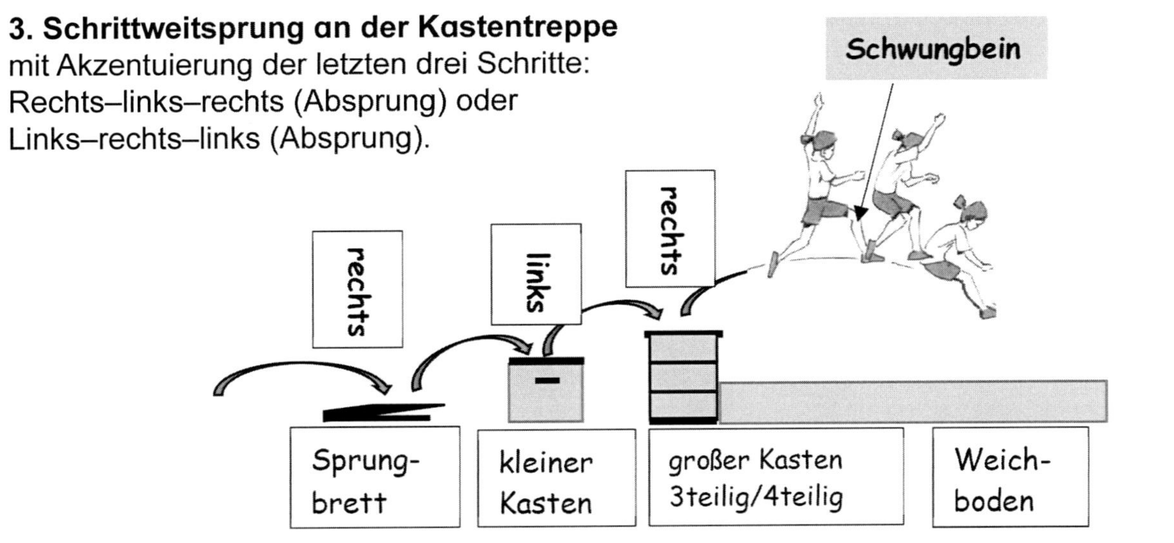

Hinweise: Unterstützend kann noch einmal in der Sporthalle die Koppelung der letzten drei Schritte und die Fluggestalt geübt werden. Die Abstände der Geräte (Sprungbrett – kleiner Kasten – großer Kasten) müssen dem Leistungsvermögen der Schüler angepasst werden, damit die Schrittlänge (das Lauftempo) eingehalten werden kann. Am besten zwei Bahnen parallel mit unterschiedlichen Abständen aufbauen.

4. Schrittweitsprung über flache Sandhügel in der Weitsprunggrube.
Der Sandwall verläuft schräg zur Absprungstelle, sodass jeder Schüler entsprechend seiner Voraussetzungen springen kann.

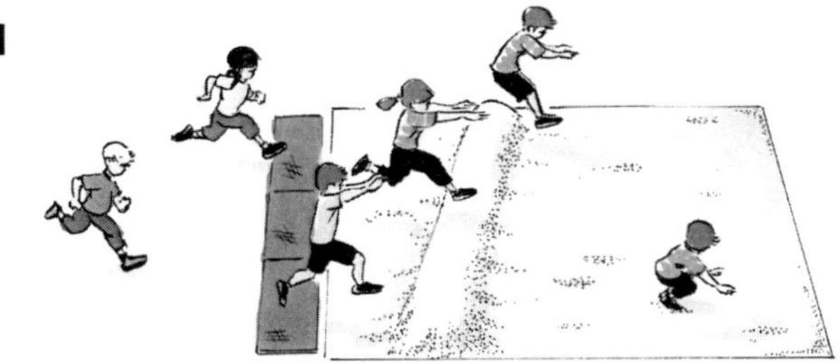

Hinweise: Der Sandwall sollte mit weit nach vorn geführten Beinen übersprungen werden. Die Landung erfolgt weich und elastisch, die Fersen setzen zuerst auf, Knie- und Hüftgelenke federn den Sprung ab. Wichtig ist das raumgreifende Vorbringen der Beine/Füße, um noch mehr Weite zu erzielen.

5. Schrittweitsprünge über eine niedrig gespannte Zauberschnur.

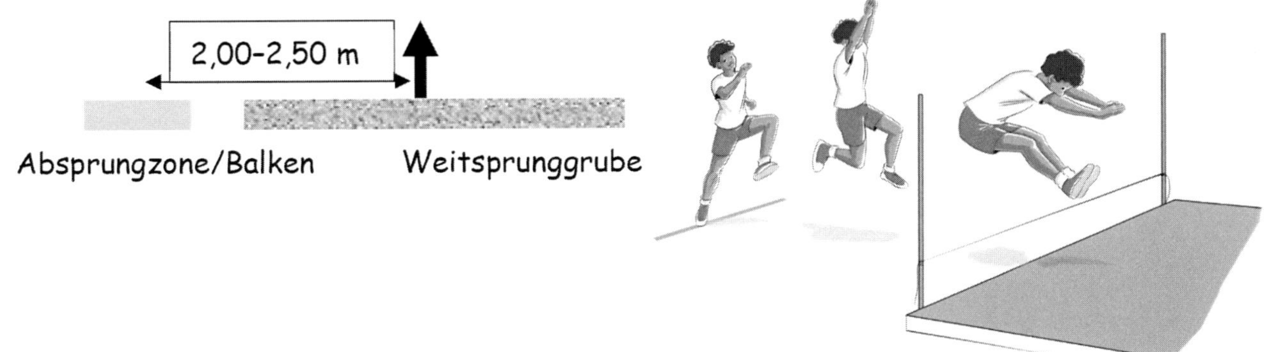

Hinweise: Die Zauberschnur wird ca. 2,00 - 2,50 m von der Absprungstelle gespannt und sollte mit weit nach vorn geführten Beinen übersprungen werden.
Der Absprung kann auch evtl. von einem Absprunghügel ausgeführt werden.

Leichtathletik für Kinder & Jugendliche SEKUNDARSTUFE – Bestell-Nr. 12 345
KOHL VERLAG

Schrittweitsprung festigen und formen – Hinweise und Tipps
„Vom Steigesprung zum Schrittweitsprung“

6. Anlaufschulung beim Schrittweitsprung
Die Schüler beginnen ca. 15 m vor dem Absprungbalken in Form eines Steigerungslaufs. Begonnen wird immer mit dem Sprungfuß (Rechtsspringer mit rechts – Linksspringer mit links).

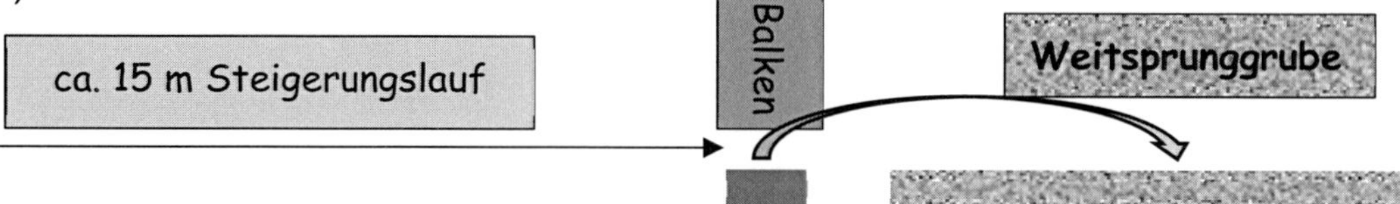

<u>Auswertung durch Sportlehrer und/oder Mitschüler am Balken</u>: Wurde übergetreten, dann muss die Ablaufmarke um dieses Maß zurückgelegt, wurde „verschenkt“, entsprechend vorverlegt werden.
<u>Hinweise</u>: Die Anlaufschulung muss etliche Male wiederholt werden, bis das gesetzte Ziel – den Balken zu treffen – erreicht wird. Es gibt andere kompliziertere Vorschläge zur Anlaufschulung. Der hier gemachte Vorschlag ist für die Schüler schnell umsetzbar.

Anwenden und Üben des Schrittweitsprungs in den folgenden Sportstunden
Damit die Vielfalt des Weitspringens für die Schüler interessant bleibt, darf das Weitspringen nicht immer nach den bekannten gleichen Ritualen ablaufen, sondern es können Gruppenwettkämpfe durchgeführt werden.

Gruppenwettkampf mit unterschiedlichem Absprung
Die Klasse wird wieder in 2-3 Gruppen aufgeteilt. Je nach Leistungsstand werden aber unterschiedliche Absprünge vorgegeben, z.B.
- müssen Schüler mit einer Sprungweite von 4,00-5,00 m vom Balken (wenn übergetreten wird, ist der Sprung ungültig) abspringen;
- dürfen Schüler mit einer Sprungweite von 3,50-4,00 m aus der Absprungzone abspringen;
- dürfen Schüler mit einer Sprungweite bis 3,50 m von einem Sprunghügel (Kastendeckel) abspringen.

Die Sprungleistungen der Gruppenmitglieder werden addiert.
Welche Gruppe hat am Ende eines Durchgangs die größte Gesamtweite erreicht?

Schrittweitsprung als Zonenwettkampf
Die Weitsprunggrube wird durch Zauberschnüre, Sprungseile und/oder Sandwälle in mehrere Zonen aufgeteilt. Die Schüler der Klasse bilden drei oder vier Gruppen und springen wie gewohnt mit Schrittweitsprung in die Grube. Für jede Zone gibt es Punkte – siehe Skizze. Welche Gruppe hat am Ende eines Durchgangs die meisten Punkte erreicht?
<u>Variation</u>: Leistungsstärkere Schüler müssen vom Balken abspringen, leistungsschwächere Schüler dürfen aus der Absprungzone (80 cm) abspringen.

Zonen
1 3 5 7

Schrittweitsprung mit unterschiedlicher Anlauflänge (auf die jeweilige Klasse ausrichten)
Die Klasse wird wieder in 2-3 Gruppen aufgeteilt. Je nach Leistungsstand teilt der Sportlehrer jedem Schüler die Anlauflänge zu, z.B.
- wer vorher über 4,50 m gesprungen ist, darf nun nur noch 3 Schritte Anlauf nehmen;
- wer vorher eine Weite zwischen 3,80 und 4,50 m erreicht hat, darf nur mit 5 Schritten anlaufen;
- Schüler, die bisher unter 3,80 m gesprungen sind, dürfen den Anlauf beliebig wählen.

Die Sprungleistungen der Gruppenmitglieder werden addiert.
Welche Gruppe hat am Ende eines Durchgangs die größte Gesamtweite erreicht?

6.3 Hangsprung: Vom Standweitsprung zum Hangsprung

Um möglichst weit zu springen, werden die meisten Schüler auch in der Sekundarstufe den Schrittweitsprung (Absprunghaltung lange beibehalten und das Sprungbein erst spät nachziehen) anwenden. Der aus dem Leistungssport bekannte Laufsprung setzt eine bestimmte Sprungweite voraus und kommt für die Mehrzahl der Schüler nicht in Betracht. Um die Möglichkeit einer Auswahl zu haben, bietet der Sportlehrer seinen Schülern evtl. zusätzlich die Hangsprungtechnik an, die hier in den Grundzügen beschrieben wird.

Methodische Übungsreihe „Vom Standweitsprung zum Hangsprung“

1. Standsprung beidbeinig vom Sprunghügel (kleiner Kasten oder Kastendeckel) in die Weitsprunggrube oder in der Sporthalle auf einen Weichboden.

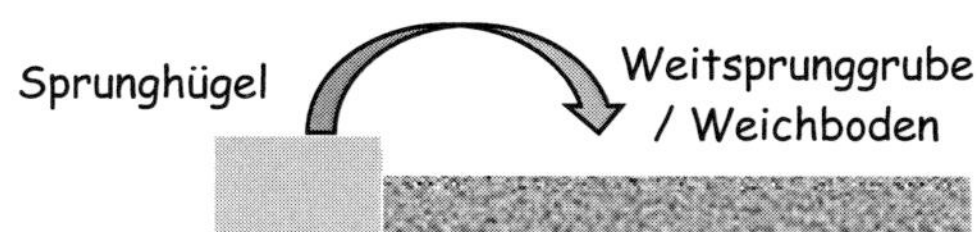

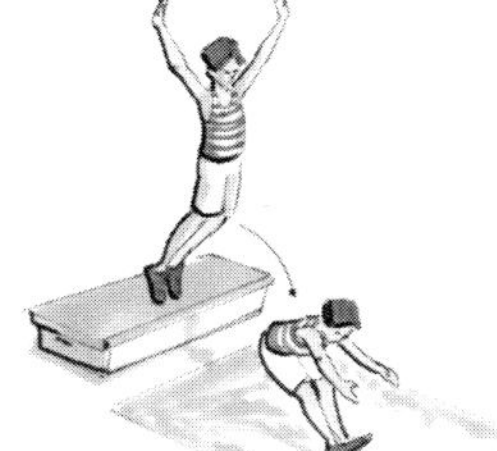

Hinweise: Mit dieser Aufgabe erlernt und verinnerlicht der Schüler die Hauptfunktionsphase dieser Technik: „Das Hängen in der Flugphase“.
Mehrere Male wiederholen und immer wieder auf die Hauptphase achten.

2. „Tor aufstoßen“ – Standsprung beidbeinig vom Sprunghügel (kleiner Kasten oder Kastendeckel), dabei versuchen, mit der Hüfte die Hand des Sportlehrers zu berühren und danach weich und elastisch beidbeinig landen.
Tipp: Den Schülern muss diese Flughaltung „bewusst“ – verinnerlicht – werden.

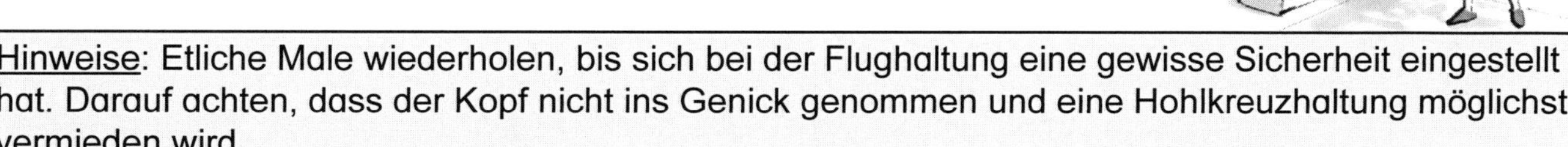

Hinweise: Etliche Male wiederholen, bis sich bei der Flughaltung eine gewisse Sicherheit eingestellt hat. Darauf achten, dass der Kopf nicht ins Genick genommen und eine Hohlkreuzhaltung möglichst vermieden wird.

3. Mit mehreren Schritten anlaufen und den Hangsprung vom Sprunghügel (Kastendeckel, kleiner Kasten) ausführen.
Hinweise: Zunächst betonter Schwungbeineinsatz (Steigesprung), im Flug schwingt das Schwungbein zurück und die Hüften gelangen vor, die Beine befinden sich unter dem Körper.

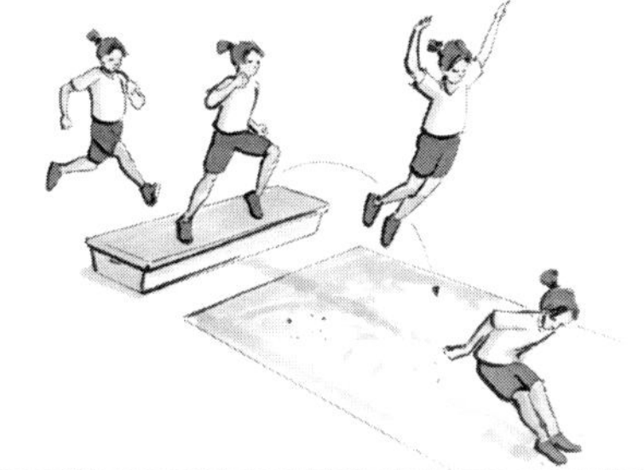

Hilfsübung: Sollte die Aufgabe vom Kastendeckel noch nicht gelingen, so laufen zwei Partner rechts und links neben dem Übenden und stemmen ihn mit Stützgriff an den Oberarmen leicht hoch. Die Flugzeit wird verlängert und das Üben wesentlich erleichtert.

4. Wie 3., aber mit Hauptaugenmerk auf das Landen – aus der leicht überstreckten Haltung wie ein „Taschenmesser“ zusammenklappen.

Hinweise: Betonter Schwungbeineinsatz, erst dann die Flughaltung einnehmen! Die Landung soll nun raumgreifend sein, d.h. aus der leicht überstreckten Haltung klappt der Körper wie ein „Taschenmesser“ zusammen. Evtl. auch hier noch die beschriebene Hilfsübung anwenden.

5. Mit sieben bis elf Schritten anlaufen und versuchen, den Hangsprung mit Absprung aus der Absprungzone oder auch vom Balken auszuführen.

Hinweise: Im Verlaufe des Lernprozesses wird differenziert, d.h. der Sportlehrer wird sich mehr den Schülern zuwenden, die noch Hinweise, Tipps und Hilfen benötigen.

6. Wie 5., aber der Hangsprung wird von einigen Schülern demonstriert – der Sportlehrer weist dabei noch einmal auf die wichtigsten Phasen hin.

Hinweise: Die Schüler beschreiben ihre Erfahrungen mit der Hangsprungtechnik und wägen evtl. ab, welche Technik sie in Zukunft anwenden – Schrittweitsprung oder Hangsprung.

KOHL VERLAG
Leichtathletik für Kinder & Jugendliche SEKUNDARSTUFE – Bestell-Nr. 12 345

6.4 Dreisprung: Von Mehrfachsprüngen zum Dreisprung

Obwohl der Dreisprung nicht unbedingt zum gewöhnlichen Übungsprogramm des Sportunterrichts gehört, können die Grundlagen dieser interessanten Sprungform schon in den Klassen 4/5 gelegt werden. Mehrfachsprünge sind gut geeignet, um die Sprungkraft zu verbessen und die Rhythmusfähigkeit zu schulen. Der Dreisprung ist relativ leicht zu erlernen und ermöglicht den Schülern schnelle Lernfortschritte. Allein schon das Demonstrieren der Sprungabfolge beim Dreisprung durch den Sportlehrer weckt großes Interesse bei den Schülern.

„Rechts-rechts-links und beidbeinige Landung“ oder
„Links-links-rechts und beidbeinige Landung“

Viele Schüler werden nach kurzer Zeit diese Sprungfolge ausführen können. Es ist trotzdem angebracht, den Dreisprung über eine erprobte methodische Übungsreihe Schritt für Schritt einzuführen. Grundlage bilden die (für draußen und drinnen geeigneten) Mehrfachsprünge.

Folgende Punkte müssen dabei beachtet werden:

- Die Schüler führen nur flache Sprünge von Reifen zu Reifen, von Matte zu Matte mit geringen Abständen aus.
- Anfangs ist die Anlaufgeschwindigkeit gering.
- Der Bodenkontakt sollte bei jedem Sprung nur kurz sein.

Die folgenden Vorschläge machen deutlich, dass sich manchmal die Übungsangebote draußen (Sportplatz) und drinnen (Sporthalle) sinnvoll ergänzen können.

Methodische Übungsreihe „Von Mehrfachsprüngen zum Dreisprung"

1. Schrittsprünge von Reifen zu Reifen

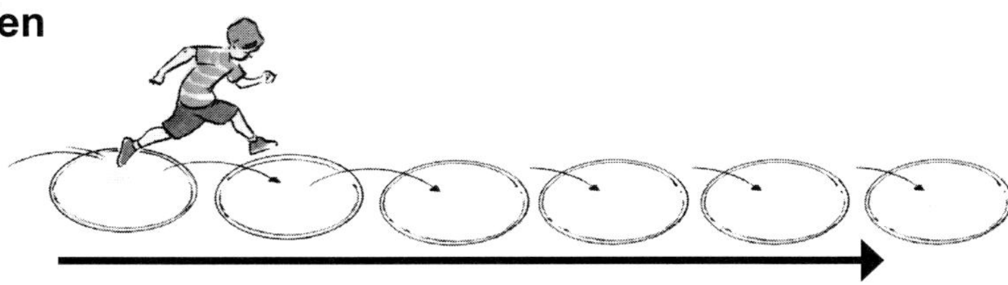

Hinweise: Auf dem Rasen werden 6-8 Gymnastikreifen mit geringem Abstand in Reihe ausgelegt. Die Schüler springen mit einem Kontakt pro Reifen durch die Reifenbahn.
Mehrmals wiederholen lassen, bis ein flüssiger und rhythmischer Ablauf erkennbar wird.
Die Abstände zwischen den Reifen müssen dem Leistungsstand der Schüler angepasst werden, evtl. zwei Bahnen mit unterschiedlichen Abständen auslegen.

2. Mehrfachsprünge: Mit kurzem Anlauf Rechts-rechts-links-links-rechts-rechts oder Links-links-rechts-rechts-links-links durch die Reifenreihe springen.

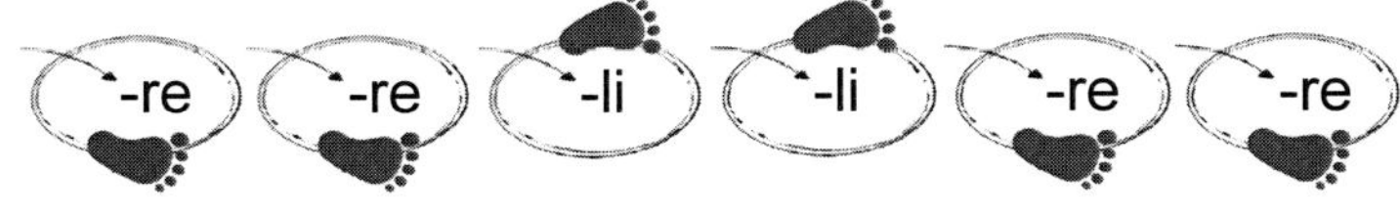

Hinweise: Möglichst flüssig und rhythmisch durch die Reifenreihe springen.
Mehrmalige Wiederholungen durchführen lassen.
Die Schüler beginnen mal rechts, mal links. Mit welchem Fuß gelingt es besser?

3. Wechselsprünge: Die Schüler nehmen einen kurzen Anlauf und springen in die Reifen im Rhythmus Rechts-links-rechts (Absprung) oder Links-rechts-links (Absprung) mit beidbeiniger Landung in der Grube.

Hinweise: Es werden drei Reifen mit geringem Abstand vor der Sprunggrube ausgelegt – eine Landung in der Grube wird ermöglicht. Die Abstände zwischen den Reifen müssen dem Leistungsstand der Schüler angepasst werden, evtl. zwei Bahnen mit unterschiedlichen Abständen auslegen.

Methodische Übungsreihe „Von Mehrfachsprüngen zum Dreisprung"
4. Dreisprung-Rhythmus: Die Schüler nehmen einen kurzen Anlauf und springen nun im Dreisprung-Rhythmus durch die drei ausgelegten Reifen: Rechts-rechts-links (Absprung) und beidbeinige Landung in der Grube oder Links-links-rechts (Absprung) und beidbeinige Landung in der Grube. 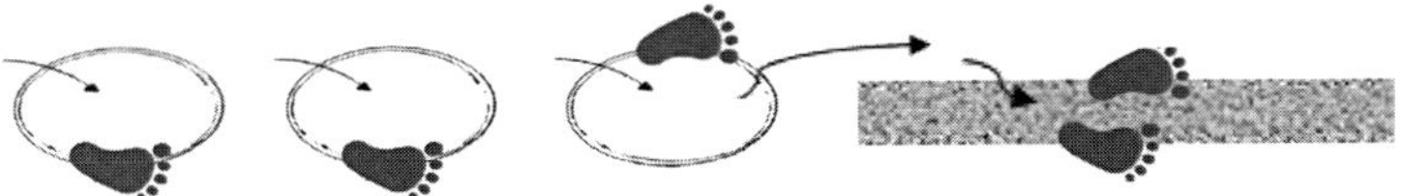
5. Wie vorher, aber zwischen die Reifen werden jetzt **flache Schaumstoffklötze** (flache Kartons etc.) gelegt. **5a. Dreisprungfolge an der Matten-Kastendeckel-Bahn**: Rechts-rechts-links und beidbeinige Landung oder umgekehrt. 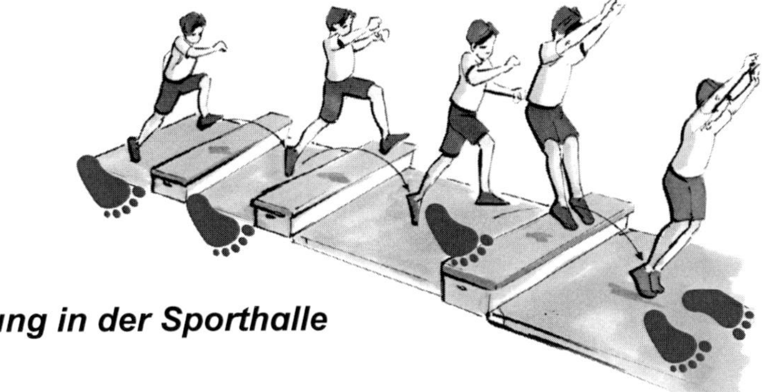 ***Übung in der Sporthalle***
Hinweise: Auch in der Sporthalle kann unter Einsatz von Matten und Kastendeckeln der Dreisprung-Rhythmus gut erlernt werden. Die eingefügten Kastendeckel unterstützten anschaulich den Dreisprung-Rhythmus. Auf den Matten kann evtl. auch der Fußabdruck – siehe Skizze – eingefügt werden. Die Abstände zwischen den Kastenteilen müssen dem Leistungsstand der Schüler angepasst werden, d.h. die Matten quer legen, damit der Rhythmus erhalten bleibt. Evtl. zwei Bahnen mit unterschiedlichen Abständen aufbauen. Für Anfänger ist das Springen auf Turnmatten zunächst etwas angenehmer.
6. Dreisprung ohne Hilfsgeräte – mit Betonung der einzelnen Sprünge: **Hop = 1. Sprung** = flacher nach vorwärts gerichteter Sprung mit relativ aufrechtem Oberkörper, der Fuß wird über die Ferse aufgesetzt, die Landung erfolgt auf dem Absprungbein; **Step = 2. Sprung** = raumgreifender Zwischenschritt, die Landung erfolgt auf dem anderen Bein; der intensive Armeinsatz unterstützt den Absprung und hilft Gleichgewicht zu halten; **Jump = 3. Sprung** = die raumgreifende Landung ist den Schülern aus dem Weitsprung bekannt. **Für fortgeschrittene Schüler: Orientierung für die optimale Aufteilung der einzelnen Sprünge: 35 % - 30 % - 35 %.**
Hinweise: Die Reifen werden entfernt und jeder Schüler führt jetzt den Dreisprung auf der Anlaufbahn mit Landung in der Weitsprunggrube aus. Der Sportlehrer legt zunächst die Absprungmarkierungen für alle Schüler verbindlich fest – Markierung durch Pylone. Auch hier muss sicher schon mit unterschiedlichen Abständen geübt werden. Wichtig ist hierbei, dass alle Schüler sicher in der Grube beidbeinig landen können. Der Sportlehrer wählt einige Schüler aus, die den Dreisprung vormachen und bespricht dabei die oben genannten Punkte der Teilsprünge.

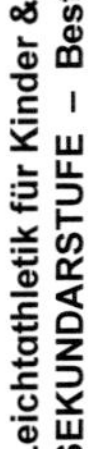
Leichtathletik für Kinder & Jugendliche SEKUNDARSTUFE – Bestell-Nr. 12 345

6 Springen

6.5 Flop: Vom Schersprung zum Flop

Es besteht heute Einigkeit darüber, dass der Flop in allen Alters- und Könnensstufen als die zweckmäßigste Hochsprungtechnik anzusehen ist, und ebenso, dass er in der Grobform für Schüler auch erlernbar ist. Dies bedeutet nicht, dass „Hochspringen“ und „Floppen“ gleichgesetzt werden dürfen.[1]
Wer hoch springen will, muss in erster Linie über eine gute Sprungkraft verfügen. D.h. nicht die Technik allein ist entscheidend, sondern vielmehr die körperlich-konditionellen Voraussetzungen des jeweiligen Schülers. Es hat sich bewährt, die Floptechnik möglichst ganzheitlich zu vermitteln. Den fließenden Übergang zum Erlernen des Flops bietet die bekannte Alltagstechnik Schersprung. Schüler lernen schneller, wenn sie über vielfältige Sprungerfahrungen verfügen und auch speziell zielgerichtete Übungsformen kennenglernt haben, die sich erfahrungsgemäß positiv auf den Lernprozess des Flops auswirken. (Grundschule – Leichtathletik für Kinder & Jugendliche S. 37-41)

Methodische Übungsreihe „Vom Schersprung zum Flop"

1. Schersprünge über gehaltene Zauberschnüre oder mit Abstand aufgestellte Turnbänke.

Beispiel: Rechtsspringer

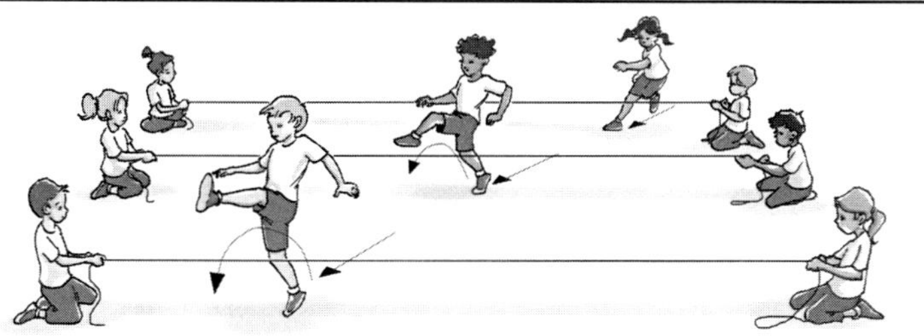

Hinweise: Den Schersprung möglichst mehrere Male in Folge ausführen.

2. Schersprung aus Kurvenlauf mit Sitzlandung

Beispiel: Linksspringerin

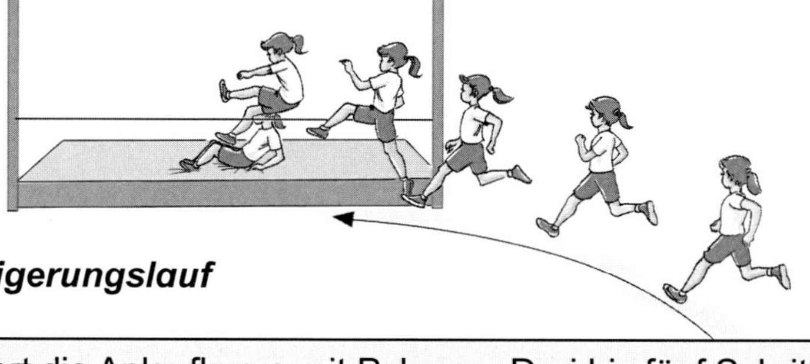

Anlauf = Steigerungslauf

Hinweise: Der Sportlehrer markiert die Anlaufkurve mit Pylonen. Drei bis fünf Schritte Anlauf, dabei an der markierten Bogenlinie entlang laufen. Beim dritten (fünften) Schritt mit dem Sprungbein abspringen. Die Höhe so festlegen, dass die Schüler sie so gerade noch überspringen können, um eine Sitzlandung zu erzwingen.
Es ist auch möglich, die Landefläche durch mehrere Weichböden aufeinander zu erhöhen, sodass die Sitzlandung dadurch zustande kommt.
Einige Male wiederholen lassen, bis der Bewegungsablauf immer sicherer wird.
Die folgende Skizze veranschaulicht noch einmal die Anlaufkurve, den Drei-Schritte-Anlauf und den Absprung mit dem mattenfernen Bein/Fuß.

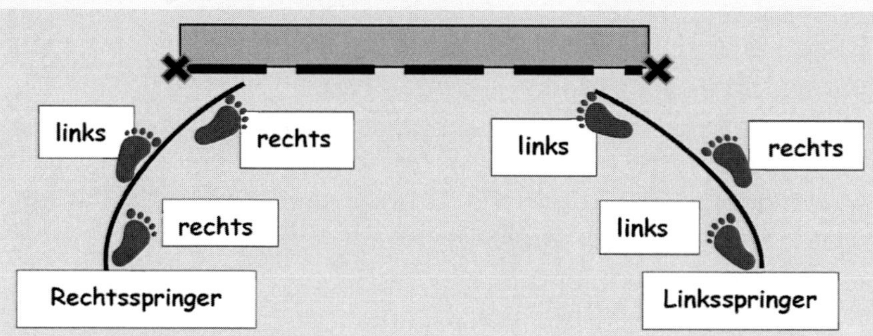

[1] *Kern U. / Söll W.: Praxis und Methodik der Schulsportarten, S. 167*

Methodische Übungsreihe „Vom Schersprung zum Flop"

3. Der Sportlehrer zeigt einen Gesamtablauf (Lehrbildreihe) des Flops und erklärt dabei die einzelnen Phasen und die folgenden Übungen dazu.

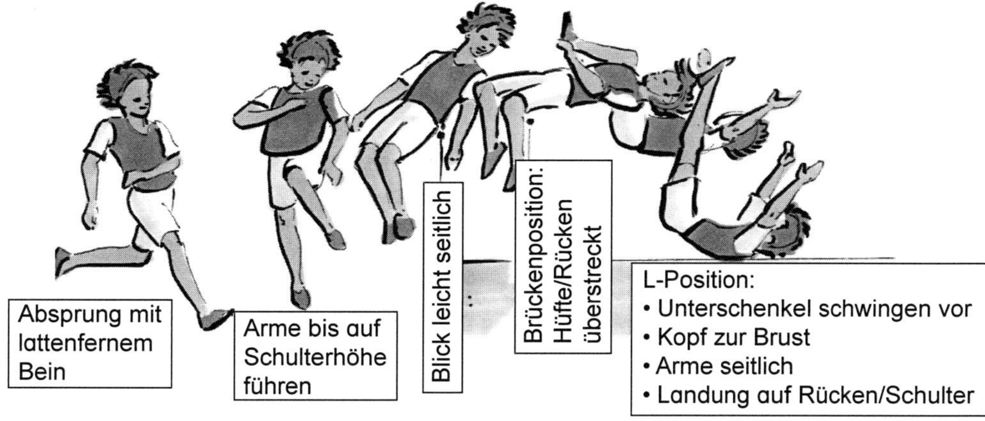

Hinweise: Wenn der Sportlehrer in der Lage ist, den Flop selbst zu demonstrieren, ist das eine zusätzliche Motivation für seine Schüler.

4. Standflop zur Schulung der Lattenüberquerung und Landung: Der Schüler steht mit dem Rücken zum Weichboden, beidbeiniger Absprung und Landung auf dem Rücken mit ausgebreiteten Armen. Der Kopf nimmt im Flug eine leichte Nackenhaltung ein, Hüfte und Rücken sind überstreckt – Brückenposition.

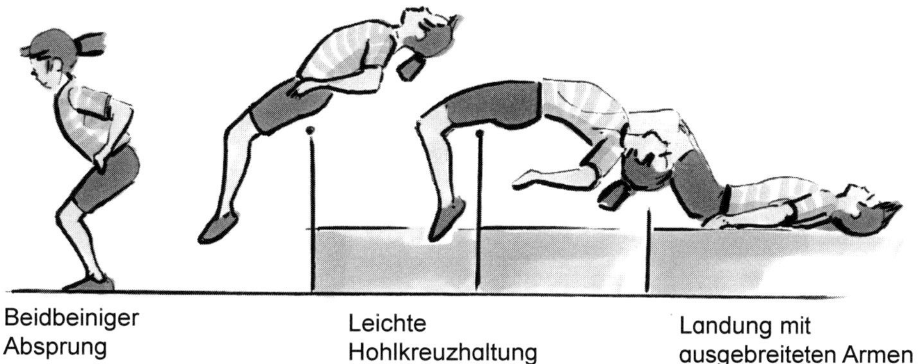

Hinweise: Absprung evtl. von einer erhöhten Stelle wie Sprungbrett, kleinem Kasten ausführen. Der Schüler hat dadurch mehr Zeit für die Flophaltung! Der Sportlehrer und ein Schüler stehen rechts und links vom Übenden und unterstützen den Standflop mit Griff am Hosenbund. Mehrmals ausführen, bis die „Flophaltung" erkennbar ist.

5. Flop mit Anlauf: Bogenförmiger Anlauf und Sprung auf einen Mattenhügel.

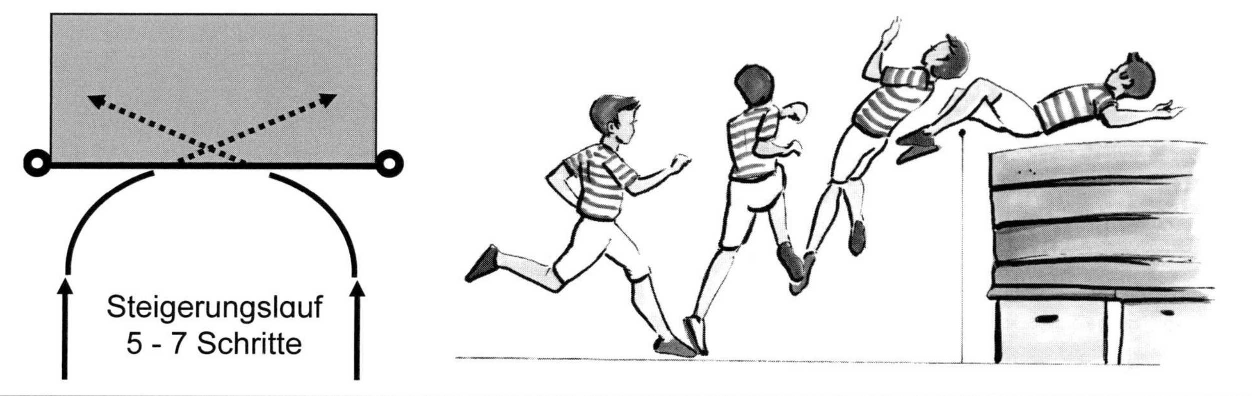

Methodische Übungsreihe „Vom Schersprung zum Flop"

Hinweise: 5-9 Schritte bogenförmiger Anlauf und Sprung auf einen Mattenhügel. Die Höhe des Hügels wird so eingerichtet, dass die Schüler nur noch mit dem Rücken auf dem Weichboden landen können. Die Hohlkreuzhaltung wird durch den Mattenhügel erzwungen. Diesen Ablauf immer wieder über eine gut zu überspringende Höhe ausführen. Der Sportlehrer beobachtet die Schüler und gibt korrigierende Hinweise.
Differenzierung: Erfahrungsgemäß muss eine zweite Hochsprunganlage aufgebaut werden, weil die Sprunghöhen der Schüler zu unterschiedlich sind.

6. Flopsprünge mit bogenförmigem Anlauf auf den reduzierten Mattenhügel.

Hinweise: Den Mattenhügel schrittweise abbauen, um die Flugphase zu verlängern. Steigerungslauf (Rechtsspringer von links – Linksspringer von rechts) 7-9 Schritte – zunächst gradlinig – dann Impulskurve mit Innenneigung des Körpers auf den letzten drei Anlaufschritten – leichte Körperrücklage – Senkung des Körperschwerpunktes – Doppelarmschwung – letzter Fußaufsatz erfolgt über die Ferse zum Absprung.

7. Ergänzende Übungen zur Formung des Flops
Der Sportlehrer beobachtet die Sprünge der Schüler und bietet evtl. manchen Schülern folgende Übungen an:

- **Diagonaler Schwungbeineinsatz**: Bewusstmachen des Absprungs und der Körperdrehung durch diagonalen Kniehub – erst im Stand und dann im Gehen.

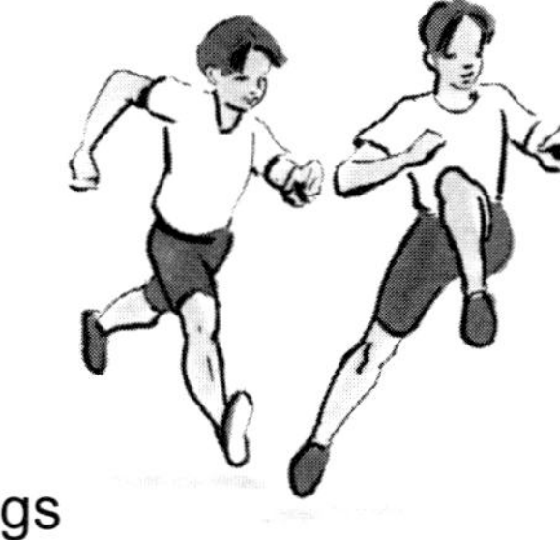

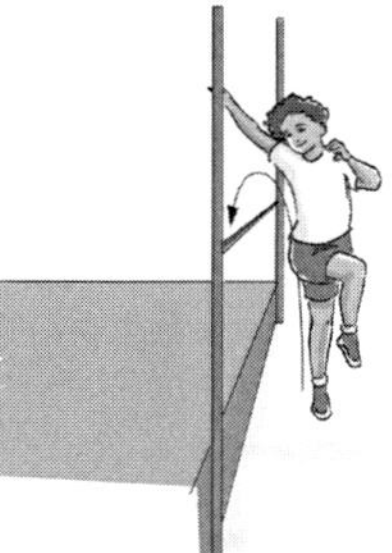

- **Absprungposition**: Bewusstmachen des Absprungs mit Schwungbeineinsatz (Schwungbein überholt Sprungbein), Absprungstreckung und Armarbeit

Hinweise: Danach versuchen die angesprochenen Schüler wieder den gesamten Bewegungsablauf des Flops mit Anlauf.

Weitere Übungsformen zur Festigung und Formung

Flopmehrkampf: Jeder Schüler hat 6 Versuche – alle 6 Versuche werden addiert.

Gemischter Wettkampf: Jeder Schüler hat 3 Versuche, und zwar:
2-mal Schersprung und 1-mal Flop
oder 1-mal Schersprung und 2-mal Flop.
Alle Versuche werden addiert. Wer erreicht die höchsten Werte?

Flopwettkampf mit unterschiedlichen Anlauflängen und zwar:
Erster Sprung mit 3 Schritten Anlauf
Zweiter Sprung mit 5 Schritten Anlauf
Dritter Sprung mit beliebigem Anlauf
Alle übersprungenen Höhen werden addiert. Wer erreicht die höchsten Werte?

Gruppenwettkampf
Es werden Vierergruppen gebildet. Jeder Schüler darf zweimal über eine selbst gewählte Höhe im Schersprung oder Flop springen. Alle Ergebnisse der Gruppenmitglieder werden addiert. Welche Gruppe erreicht den höchsten Wert?

6.6 Straddle (Wälzer): Vom Sprung mit halber Drehung zum Wälzer

Der Flop wird heute in allen Altersstufen als die zweckmäßigste Hochsprungtechnik angesehen und wird von den meisten Schülern auch bevorzugt. Es gibt aber auch Schüler, die aufgrund mangelnder Bewegungserfahrungen mit der „rückwärtsgerichteten Bewegung“ Probleme haben. Für diese Schüler kommt dann eine andere (einfachere) Technik wie der Schersprung und/oder der Straddle (Wälzer) in Betracht. Der Sportlehrer muss auf diese Situation vorbereitet sein und in Form einer methodischen Reihe eine andere Hochsprungtechnik anbieten.

Der Straddle kann nach dem methodischen Grundprinzip „so ganzheitlich wie möglich, so elementehaft wie notwendig“ vermittelt werden.

Merkmale des Straddle

- Beim Straddle läuft man wie beim Schersprung schräg an, springt dann aber mit dem matten<u>nahen</u> Bein ab, d.h. der Rechtsspringer läuft von rechts an, der Linksspringer läuft von links an.
- Die Schnur/Latte wird mit einer Schrägrolle auf dem Bauch übersprungen.
- Die Beine werden gespreizt, die Knie bleiben gebeugt.
- Gelandet wird auf der Schwungbeinseite.

Methodische Übungsreihe „Vom Sprung mit halber Drehung zum Wälzer"
1. Sprung mit halber Drehung und Landung auf dem Schwungbein über Linien, Seile, Zauberschnüre und Turnbänke. Hier: Links abspringen – ½ Drehung und rechts landen. 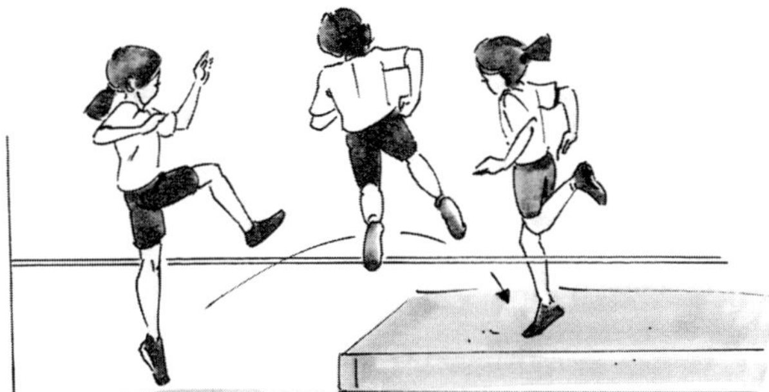
Hinweise: Kurzer Anlauf und über niedrige Hindernisse springen. Rechts abspringen und links landen oder links abspringen und rechts landen. Die Höhe der Schnur immer dem Leistungsstand der Schüler anpassen. Diesen Sprung etliche Male wiederholen, bis er sicher ausgeführt wird.
2. Sprung mit halber Drehung und betontem Ausdrehen/Aufklappen des gebeugten Sprungbeinknies. 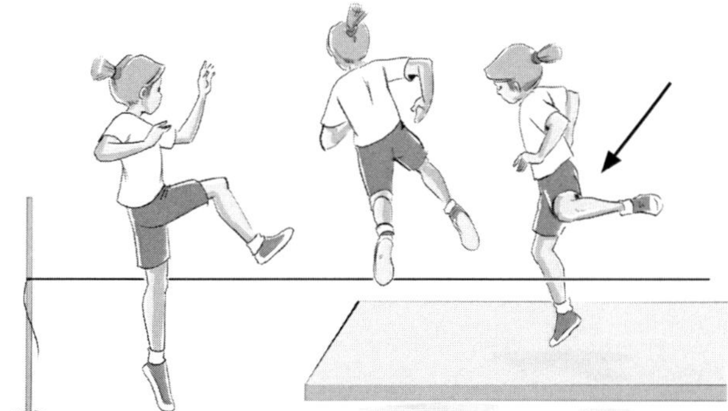
Hinweise: Sprünge über eine 40-60 cm hohe Zauberschnur. Darauf achten, dass das Sprungbeinknie betont ausgedreht wird. Nach der Landung möglichst weiter in die Bewegungsrichtung drehen. Der Sportlehrer wählt einige Schüler zur Demonstration aus, bei denen das Ausdrehen klar erkennbar ist.

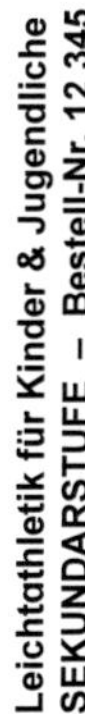

6 Springen

Methodische Übungsreihe „Vom Sprung mit halber Drehung zum Wälzer"

3. Wie vorher, aber mit einem schrägen Drei- oder Fünf-Schritt-Anlauf

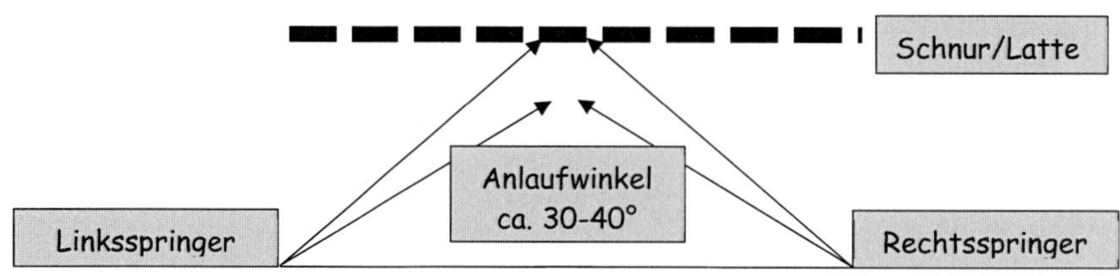

Hinweise: Das Schwungbein möglichst gestreckt in die Anlaufrichtung hochschwingen. Häufige Wiederholungen durchführen lassen, evtl. auch zwei Hochsprunganlagen mit unterschiedlichen Höhen aufbauen lassen.

4. Wie vorher, aber die Landung erfolgt jetzt auf dem Schwungbein und gleich danach auf der gleichseitigen Hand. Das Abrollen über die gesamte Schwungbeinseite beendet die Landebewegung.

Hinweise: Linksspringer landen auf der rechten Seite – Rechtsspringer landen auf der linken Seite. Die Ausführung der Grobform des Wälzers ist nur auf einem gut vorbereiteten Sprunghügel möglich (Weichböden und seitliche Absicherung durch Turnmatten).
Nach einigen Wiederholungen muss meistens aufgrund der unterschiedlichen Sprunghöhe differenziert und eine zweite Sprunganlage aufgebaut werden.

5. Allmähliche Steigerung der Schnurhöhe und Verlängerung des Anlaufs.

Hinweise: Das Ausdrehen des Sprungbeinknies erfolgt sofort nach der Lattenüberquerung; die Landung und das weiche Abrollen erfolgen auf der Schwungbeinseite.
Tipp: 3-mal über die zuletzt übersprungene Höhe springen.

Variante: Für manche Schüler kann die Überquerung durch eine schräge Latte/Schnur erleichtert werden.
Beispiel
für Linksspringer:

Linksspringer

Schräge Latte,
tiefer Punkt auf der
Schwungbeinseite = rechts

Weitere Übungsformen zur Festigung und Formung

Wälzerwettkampf: Jeder Schüler hat 6 Versuche – alle 6 Versuche werden addiert.
Wälzerwettkampf mit unterschiedlichen Anlauflängen und zwar:
Erster Sprung mit 3 Schritten Anlauf
Zweiter Sprung mit 5 Schritten Anlauf
Dritter Sprung mit beliebigem Anlauf.
Alle übersprungenen Höhen werden addiert. Wer erreicht die höchsten Werte?
Gemischter Wettkampf: Jeder Schüler hat 3 Versuche, und zwar:
2-mal Schersprung und 1mal Wälzer
oder 1-mal Schersprung und 2-mal Wälzer
oder 1-mal Schersprung, 1-mal Wälzer und 1-mal Flop.
Alle Versuche werden addiert. Wer erreicht die höchsten Werte?

6.7 Stabspringen: Vom Schwingen am Tau zum Springen mit dem Stab

Stabspringen – und nicht nur Stabhochspringen – ist eine fast vergessene, sicherlich aber attraktive Disziplin. Es setzt allerdings eine größere Anzahl passender, d.h. nicht zu langer, Stäbe und ein passendes Übungsgelände voraus.[1]
Konnte man früher manchmal noch das Springen über Gräben mit Bohnenstangen, Bambusstäben und Stäben aus Erlen- und Haselnussholz beobachten, so ist das Springen mit dem Stab heute fast in Vergessenheit geraten.
Dabei haftet dem Stabspringen ein gewisser Wagemut und das Neue bzw. Ungewöhnliche an. Häufig kann man im Sportunterricht feststellen, dass gerade exotische und ausgefallene Disziplinen einen starken Anreiz für die Schüler darstellen.

Das Stabspringen im Sportunterricht zielt nicht unbedingt auf den „richtigen" Stabhochsprung" hin, sondern vielmehr auf das erlebnisreiche etwas andere Springen.

Der Stab dient dabei zunächst als Hebel- und Bewegungshilfe, um Gräben oder Hindernisse zu überspringen. Das Springen mit dem Stab verlangt neben einer guten Sprungkraft auch eine gut entwickelte Haltekraft der Hände und Rumpfkraft.

Hinweise zur Stabauswahl:
Anfänger (12-16 jährige Schüler) springen zunächst mit einem starren Stab. Um ein oftmaliges Springen zu ermöglich, sollte möglichst eine größere Anzahl passender Stäbe zur Verfügung stehen, z.B. zu zweit einen Stab oder für jede Dreier-/Vierergruppe einen Stab.

- Holzstäbe: 2-3 m lang
  Abmessungen: Länge = 2,50 m – Durchmesser = 3,5 cm – Gewicht = 1,7 kg
  Belastbarkeit bis 80 kg. Im Handel werden Holzstäbe aus Eschenholz angeboten.
  Rundstab aus Eschenholz: Das Holz bietet beim Greifen sehr guten Halt und ermöglicht so eine exakte Griff-Position. Er ist am unteren Ende mit einer Gummikappe ausgestattet, dadurch wird ein Wegrutschen verhindert.
- Aluminumstäbe: 2,5 m lang, 3 cm dickes Aluminium-Rohr
  Der Alu-Sprungstab ist besonders für Schüler und Einsteiger geeignet und ermöglicht erstaunliche Lernerfolge. Er kann in der Halle, auf Hartplätzen und im Sandkasten eingesetzt werden. Er ist leicht, starr und unverwüstlich.

Sprungbein und obere Griffhand: Wenn die rechte Hand die obere Griffhand ist, muss mit dem linken Bein abgesprungen werden.
Griffhöhe: Anfangs den Stab senkrecht stehend mit der rechten Hand in Reichhöhe und mit der linken Hand auf Kopfhöhe fassen.
Ab Übung 5 gilt dann: Griff der oberen Hand = Reichhöhe + 20 cm

Methodische Übungsreihe „Vom Schwingen am Tau zum Springen mit dem Stab"	
1. Schwingen an Tauen Das Tau mit beiden Händen in Reichhöhe über Kopf fassen und anlaufen – sich tragen lassen und auf den Weichboden schwingen.	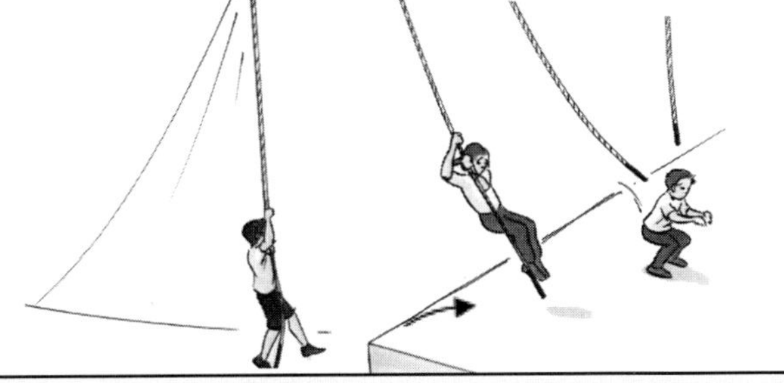
Hinweise: Der Schüler lernt sein eigenes Gewicht mit einem Haltegriff am Tau „zu tragen". Einige Male ausführen lassen, um festzustellen, ob der Schüler sein Gewicht mit den Händen halten kann.	

[1] *Kern U. / Söll W.: Praxis und Methodik der Schulsportarten, S. 164*

Leichtathletik für Kinder & Jugendliche SEKUNDARSTUFE – Bestell-Nr. 12 345

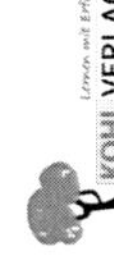

Methodische Übungsreihe „Vom Schwingen am Tau zum Springen mit dem Stab"
2. Über den Kasten schwingen Kräftig von der Turnbank abspringen und das Tau möglichst über Reichhöhe fassen. Den Haltegriff nicht verändern und versuchen, einen dreiteiligen großen Kasten zu überwinden und auf dem Weichboden zu landen. 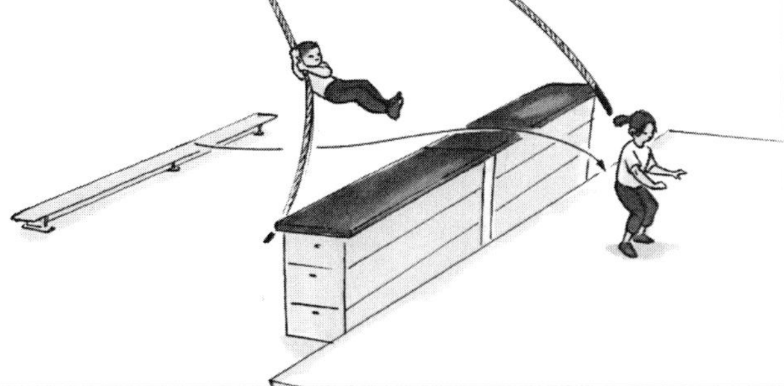
Hinweise: Wichtig ist der Griff beider Hände über Reichhöhe und das Halten des Griffes bis zum Absprung. Der Schüler muss das Bewegungsgefühl dafür entwickeln - mit Griff an einem Gerät zu schwingen und sich tragen zu lassen.
3. Fassen und Tragen/Führen des Stabes Rechtshänder: Der Schüler nimmt den Stab in Schulterbreite in die Hände. Die rechte Hand fasst von oben mit Untergriff (Kammgriff), die linke Hand eine knappe Armlänge darunter mit Obergriff (Ristgriff). Nun hebt der Schüler den Stab, führt eine ¼ Drehung nach links aus und steht dann in der richtigen Ausgangsstellung zum Lauf mit dem Stab. 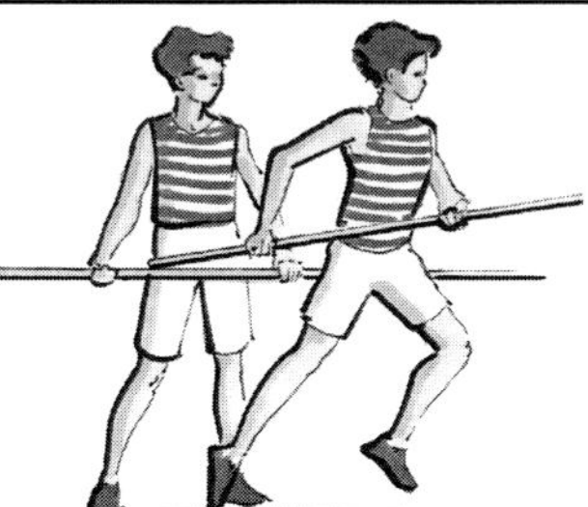
Hinweise: Der Griff soll fest, aber nicht verkrampft sein. Den Stab tragen = Spitze leicht über dem Boden. Der Schüler führt danach einige Male einen Trab- und Steigerungslauf aus. Dieser Lauf sollte auch später immer wieder zwischendurch ausgeführt werden.
4. Der passive Sprung Nach einem Angehschritt erfolgt der Absprung mit dem linken Bein. Dabei schiebt der Sportlehrer oder ein Schüler den Übenden von hinten an, der dadurch mit der Brust an den Stab gelangt. So erlebt er zum ersten Mal „wie ihn der Stab gefahrlos auf die andere Seite trägt." 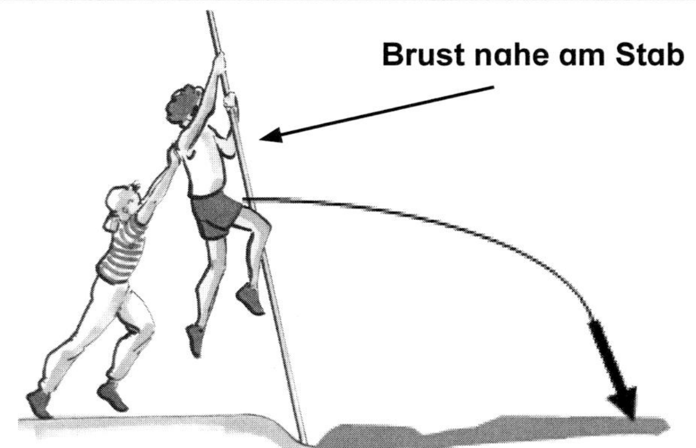
Hinweise: Die Schüler stehen vor der Sprunggrube, die gut mit Sand gefüllt sein muss. Der Stab wird in den Sand gesteckt. Der Übende darf den Griff während des Anschiebens nicht verändern – immer grifffest bleiben.
5. „Hexenritt" – Sprung mit gegrätschten Beinen Der Griffpunkt der Hände liegt anfangs in Reichhöhe, später ca. 30 cm über Reichhöhe. 4-6 Schritte Anlauf, den Stab kräftig in die Grube stechen und mit dem linken Bein abspringen. Der Schüler hängt am oberen fast gestreckten Arm und kann den Hexenritt ausführen. Gelandet wird beidbeinig mit leicht gegrätschten Beinen. 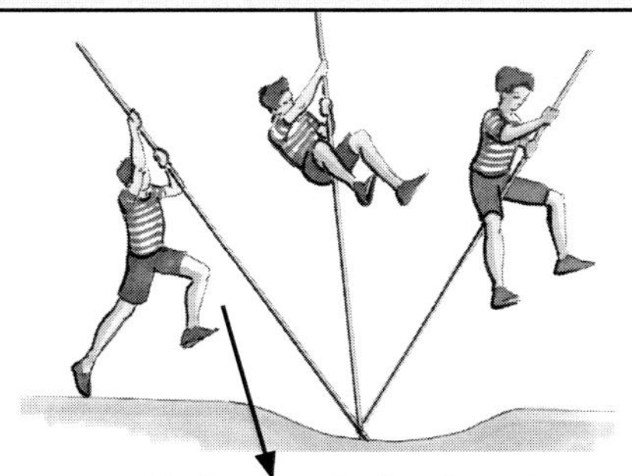
Hinweise: Der Schwungbeineinsatz rechts muss erkennbar sein. Die untere Hand ist während des Einstiches ca. 30-40 cm von der oberen entfernt. Der Schüler soll versuchen, die Griffhöhe nach oben zu verschieben, dadurch wird die Fluglänge erweitert. Diese Übung macht den Schülern erfahrungsgemäß sehr viel Spaß und wird deshalb oft wiederholt.

Methodische Übungsreihe „Vom Schwingen am Tau zum Springen mit dem Stab"
6. Stabweitsprung – als Pendel am Stab vorbei Leichter Anlauf – links abspringen und mit fast gestrecktem oberen Arm auf der rechten Seite des Stabes vorbeipendeln. 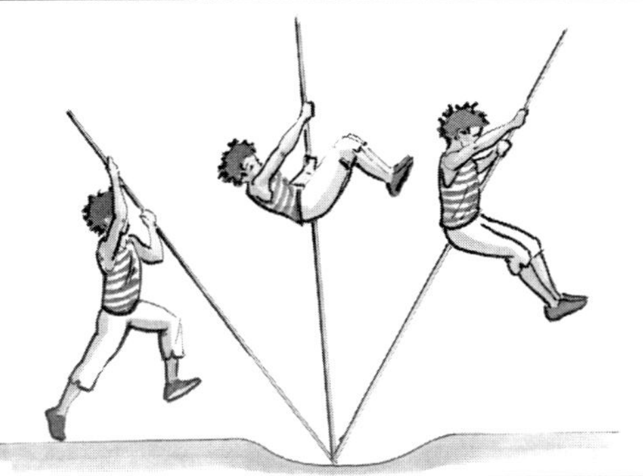
7. Stabhochsprung mit Hilfe Der Übende läuft mit 6-8 Schritten an und versucht, eine von Mitschülern gehaltene Schnur zu überspringen. Der Sportlehrer steht links (beim Linksspringer) neben der Einstichstelle und hilft durch einen Schub am Stab nach. Nach der halben Drehung stößt sich der Schüler zunächst mit der linken, dann mit der rechten Hand ab. 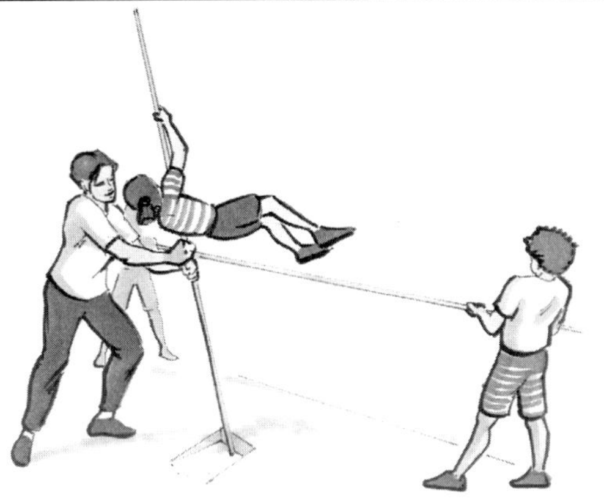
Hinweise: Der Sportlehrer weist zwischendurch immer wieder auf die wichtigsten Merkmale hin. Es ist sinnvoll, das „richtige Springen mit dem Stab" auch durch einige Schüler demonstrieren zu lassen, um die Bewegungsvorstellung der anderen Schüler zu vervollkommnen.
8. Stabweitsprung mit halber Drehung Den Stab etwas über Reichhöhe fassen und mit 6-8 Schritten anlaufen. Den Stab einstechen, kräftig abspringen und wie gewohnt rechts am Stab vorbeipendeln – im letzten Teil des Sprunges (am Ende des Schwunges) erfolgt der Armzug – verbunden mit einer halben Drehung und die beidbeinige Landung mit dem Blick zur Einstichstelle. 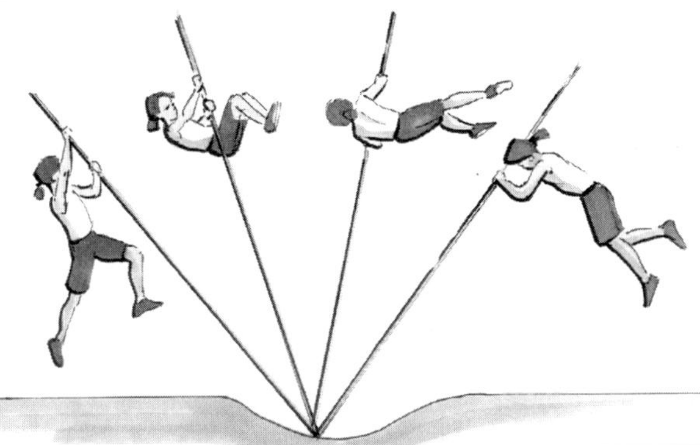
Hinweise: Dieser Sprung enthält bereits die wichtigsten Elemente des Stabhochsprungs. Nach dem Einstich und dem Absprung erfolgt das seitliche Vorbeischwingen der Beine, der Armzug und die Drehung.
9. In den folgenden Stunden kann für geübte Schüler **der Stabhochsprung über eine Latte** angeboten werden. Lattenabstand etwa 50 cm von der Einstichzone. Den aktiven Einsatz des Schwungbeines beachten. Die halbe Drehung erfolgt während der Lattenüberquerung, danach erfolgt der Abdruck der Hände. 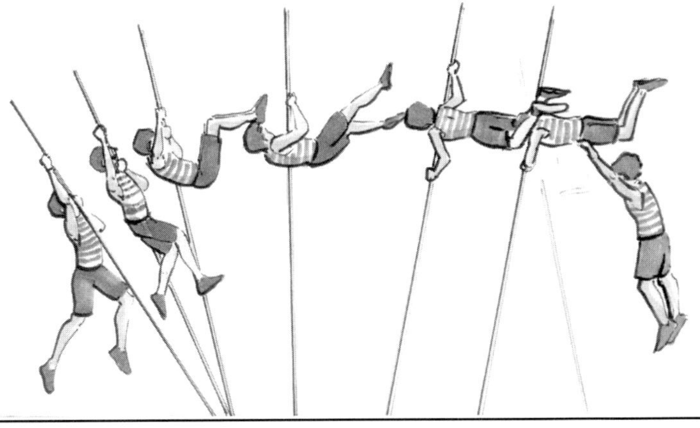

KOHL VERLAG Leichtathletik für Kinder & Jugendliche SEKUNDARSTUFE – Bestell-Nr. 12 345

6.8 Wertungstabellen[1] Sprung zur Notenfindung – Vorschlag

Die nachfolgende Übersicht dient der Einschätzung der Weit- und Hochsprungleistung und ist als Anregung (grobes Raster) für den Sportlehrer vor Ort zu verstehen. Natürlich müssen immer auch die individuellen Voraussetzungen und die Einsatz- bzw. Anstrengungsbereitschaft des jeweiligen Schülers bei der Notenfindung berücksichtigt werden.

WEIT	11 Jahre, Kl. 5		12 Jahre, Kl. 6		13 Jahre, Kl. 7		14 Jahre, Kl. 8		15 Jahre, Kl. 9		16 Jahre, Kl. 10	
Note	Ju	Mä	Ju	Mä	Ju	Mä	Ju	Mä	Ju	Mä	Ju	Mä
1	3,74	3,49	4,04	3,61	4,35	3,76	4,61	3,88	4,85	4,01	5,08	4,08
1-	3,65	3,41	3,94	3,53	4,24	3,68	4,50	3,80	4,74	3,93	4,97	4,00
1,5	3,56	3,33	3,84	3,45	4,13	3,60	4,39	3,72	4,63	3,85	4,86	3,92
2+	3,47	3,25	3,74	3,37	4,02	3,52	4,28	3,64	4,52	3,77	4,75	3,84
2	3,39	3,17	3,64	3,29	3,91	3,44	4,17	3,56	4,41	3,69	4,64	3,76
2-	3,29	3,09	3,54	3,21	3,80	3,36	4,06	3,49	4,30	3,61	4,53	3,68
2,5	3,20	3,01	3,46	3,13	3,69	3,28	3,96	3,41	4,21	3,53	4,44	3,60
3+	3,09	2,93	3,34	3,05	3,58	3,20	3,84	3,33	4,08	3,45	4,31	3,52
3	3,00	2,85	3,24	2,97	3,47	3,12	3,73	3,25	3,97	3,37	4,20	3,44
3-	2,89	2,77	3,12	2,89	3,35	3,04	3,61	3,17	3,85	3,29	4,08	3,36
3,5	2,78	2,69	3,00	2,81	3,23	2,96	3,49	3,09	3,73	3,21	3,96	3,28
4+	2,67	2,61	2,88	2,73	3,11	2,88	3,37	3,01	3,61	3,13	3,84	3,20
4	2,56	2,51	2,76	2,63	2,99	2,78	3,25	2,91	3,49	3,03	3,72	3,10
4-	2,45	2,41	2,64	2,53	2,87	2,68	3,13	2,81	3,37	2,93	3,60	3,00
4,5	2,34	2,31	2,52	2,43	2,75	2,58	3,01	2,71	3,25	2,83	3,48	2,90
5+	2,23	2,21	2,40	2,33	2,63	2,48	2,89	2,61	3,13	2,73	3,36	2,80
5	2,12	2,11	2,28	2,23	2,51	2,38	2,77	2,51	3,01	2,63	3,24	2,70
5-	2,01	2,00	2,16	2,12	2,39	2,27	2,65	2,40	2,89	2,52	3,12	2.59
5,5	1,91	1,89	2,04	2,01	2,27	2,16	2,53	2,29	2,77	2,41	3,00	2,48
6+	1,78	1,78	1,92	1,90	2,15	2,05	2,41	2,18	2,65	2,30	2,88	2,37
6	1,66	1,67	1,80	1,79	2,03	1,94	2,29	2,07	2,53	2,19	2,76	2,26

HOCH	13 Jahre, Kl. 7		14 Jahre, Kl. 8		15 Jahre, Kl. 9		16 Jahre, Kl. 10	
Note	Ju	Mä	Ju	Mä	Ju	Mä	Ju	Mä
1	1,39	1,26	1,43	1,28	1,48	1,31	1,52	1,34
1-	1,37	1,25	1,41	1,27	1,46	1,30	1,50	1,33
1,5	1,35	1,24	1,39	1,26	1,44	1,29	1,48	1,32
2+	1,33	1,23	1,37	1,25	1,42	1,28	1,46	1,31
2	1,31	1,21	1,35	1,23	1,40	1,26	1,44	1,29
2-	1,29	1,19	1,33	1,21	1,38	1,24	1,42	1,27
2,5	1,27	1,17	1,31	1,19	1,36	1,22	1,40	1,25
3+	1,24	1,15	1,28	1,17	1,33	1,20	1,37	1,23
3	1,21	1.13	1,25	1,15	1,30	1,18	1,34	1,21
3-	1,18	1,11	1,22	1.13	1,27	1,16	1,31	1,19
3,5	1,15	1,09	1,19	1,11	1,24	1,14	1,28	1,17
4+	1,12	1,07	1,16	1,09	1,21	1,12	1,25	1,15
4	1,09	1,05	1,13	1,07	1,18	1,10	1,22	1.13
4-	1,06	1,03	1,10	1,05	1,15	1,08	1,19	1,11
4,5	1,03	1,01	1,07	1,03	1,12	1,06	1,16	1,09
5+	1,00	0,99	1,04	1,01	1,09	1,04	1,13	1,07
5	0,97	0,96	1,01	0,98	1,06	1,01	1,10	1,04
5-	0,94	0,93	0,98	0,95	1,03	0,98	1,07	1,01
5,5	0,91	0,90	0,95	0,92	1,00	0,95	1,04	0,98
6+	0,88	0,87	0,92	0,89	0,97	0,92	1,01	0,95
6	0,85	0,84	0,89	0,86	0,94	0,89	0,98	0,92

[1] *Regierungspräsidium Freiburg, Abteilung Schule und Bildung, Referat Sport, Dr. Karl Friedmann/Bernd Keller/Jörg Haas*

7 Werfen und Stoßen

Die Leistung bei allen Wurf- und Stoßdisziplinen – anders als bei den Lauf- und Sprungdisziplinen – ist besonders stark von der Beherrschung einer zweckmäßigen Technik abhängig.

Wer weiter werfen und/oder weiter stoßen will, muss die jeweilige Technik durch oftmaliges Üben festigen und formen.

Methodische Übungsreihe

Der Sportlehrer muss deshalb seinen Schülern über eine bewährte methodische Übungsreihe die Grobform der jeweiligen Wurf- und Stoßtechnik Schritt für Schritt vermitteln, damit die Schüler weiter werfen bzw. stoßen können und sich schnell Erfolgserlebnisse einstellen, die sich widerum motivierend auf den weiteren Lern- und Übungsprozess auswirken.
Wenn man im Schulsport der Sekundarstufe vom Werfen und Stoßen spricht, meint man den ...

Schlagwurf

- **Geraden Wurf** (Schlagwurftechnik): Geworfen wird mit dem 80 g schweren Schlagball und dem 200 g schweren Wurfball.
  Der Schlagballwurf stellt das Fundament der leichtathletischen Würfe dar. Das Werfen mit dem Schlag- und Wurfball, d.h. die in der Grundschule erlernte Grobform des Schlagwurfes wird gefestigt und durch Anlaufschritte weiterentwickelt. Charakteristisch ist die Schlagbewegung mit Unterarm und Hand. Wurfgewandte Schüler werden auch sehr schnell lernen, den geraden Wurf auf den Speer zu übertragen.
  Tipp: Methodische Übungsreihe zur Grobform des Schlagwurfes – Grundschule – Leichtathletik für Kinder & Jugendliche, Seiten 64-66

Drehwurf

- **Drehwurf**: Die Grundlagen eines Drehwurfs können gut mit dem Schleuderball erarbeitet werden und dienen als Grundlage für das Werfen mit dem Diskus. Die Drehbewegung vor dem Abwurf weckt bei vielen Schülern großes Interesse. Geworfen wird mit dem 1 kg schweren Schleuderball.

Standstoß

- **Stoß**: Als Stoß wird das explosive Wegdrücken (Schieben) der Kugel bezeichnet. Gestoßen wird aus einem Stoßkreis mit einer Kugel von 3 kg, 4 kg oder 5 kg Gewicht. Das Stoßen der Kugel lernen die Schüler aus dem Stand und mit Nachstellschritten. Methodisch lässt sich das Stoßen gut aus dem Druckwurf mit dem Medizinball entwickeln.

Wurf-erfahrungen

Die neuen Disziplinen/Techniken Schleuderballwurf (= Drehwurf), Speerwurf und das Kugelstoßen kommen auch der Interessenlage der Schüler entgegen, die manchmal diese Disziplinen aus dem Fernsehen kennen und es so wie die „Spitzenathleten" machen wollen.
Schüler mit umfangreichen Wurferfahrungen lernen leichter und schneller. Der Sportlehrer sollte also langfristig und in vorhergehenden Stunden Übungsangebote machen, um die Wurf- bzw. Stoßerfahrungen der Schüler zu erweitern.

- Die hier genannten Angebote erheben keinen Anspruch auf Vollständigkeit, verdeutlichen aber die vielfältigen Möglichkeiten des leichtathletischen Werfens und Stoßens auf dem Sportplatz und in der Sporthalle.
- Aus den beispielhaften Übungsformen kann sich der Sportlehrer für seine Gruppe eine entsprechende Auswahl zusammenstellen. Es sind Anregungen, die ergänzt und modifiziert werden können.
- Es schließen sich praktisch erprobte methodische Übungsreihen an, die es dem Sportlehrer erleichtern, seinen Schülern die angestrebte leichtathletische Disziplin in der Grobform zu vermitteln.

Leichtathletik für Kinder & Jugendliche
SEKUNDARSTUFE – Bestell-Nr. 12 345
KOHL VERLAG

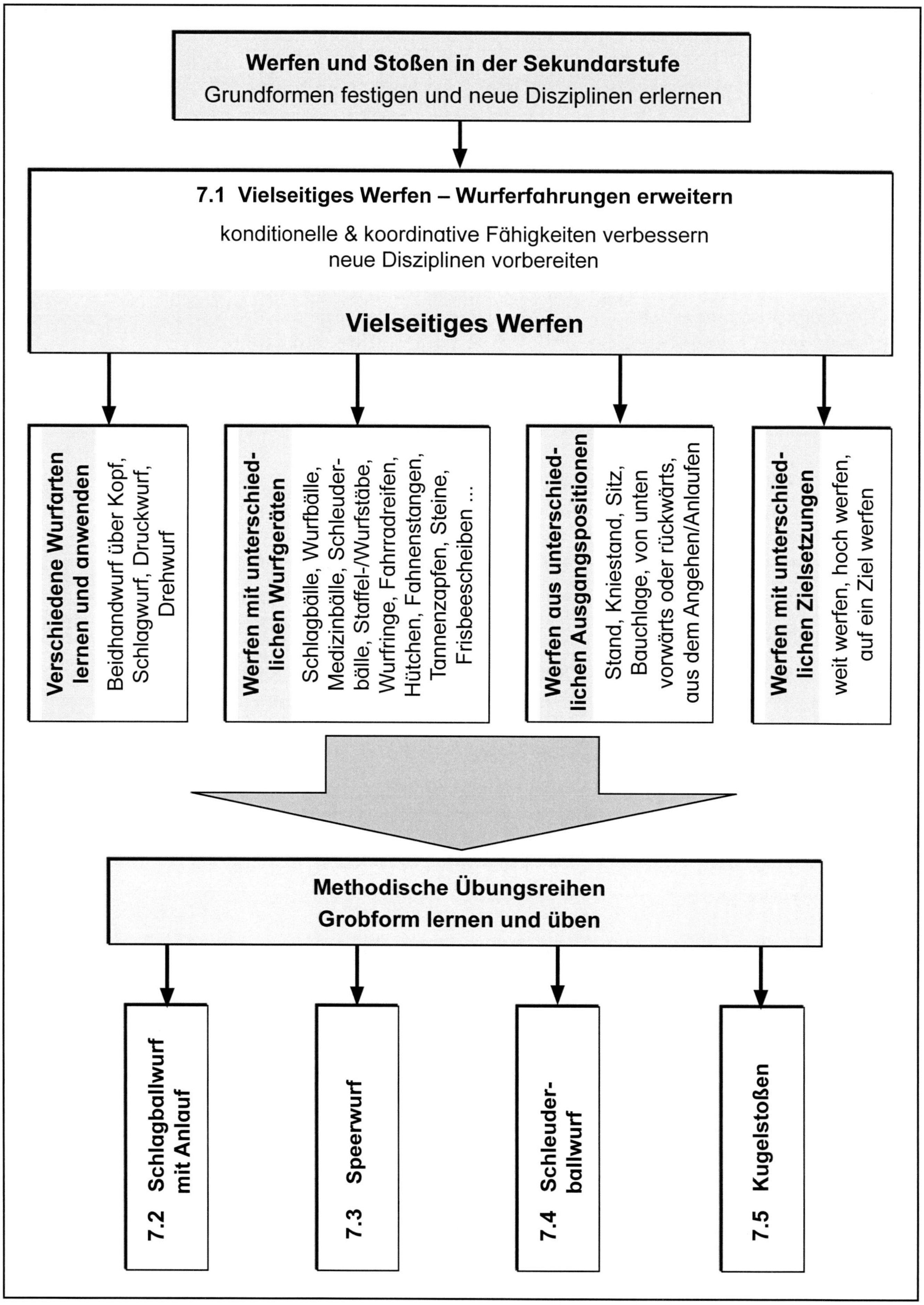

7 Werfen und Stoßen

Werfen und Stoßen in der Sekundarstufe
Grundformen festigen und neue Disziplinen erlernen

↓

7.1 Vielseitiges Werfen – Wurferfahrungen erweitern

konditionelle & koordinative Fähigkeiten verbessern
neue Disziplinen vorbereiten

Vielseitiges Werfen

↓

- **Verschiedene Wurfarten lernen und anwenden**
  Beidhandwurf über Kopf, Schlagwurf, Druckwurf, Drehwurf
- **Werfen mit unterschiedlichen Wurfgeräten**
  Schlagbälle, Wurfbälle, Medizinbälle, Schleuderbälle, Staffel-/Wurfstäbe, Wurfringe, Fahrradreifen, Hütchen, Fahnenstangen, Tannenzapfen, Steine, Frisbeescheiben ...
- **Werfen aus unterschiedlichen Ausgangspositionen**
  Stand, Kniestand, Sitz, Bauchlage, von unten vorwärts oder rückwärts, aus dem Angehen/Anlaufen
- **Werfen mit unterschiedlichen Zielsetzungen**
  weit werfen, hoch werfen, auf ein Ziel werfen

↓

Methodische Übungsreihen
Grobform lernen und üben

↓

- **7.2 Schlagballwurf mit Anlauf**
- **7.3 Speerwurf**
- **7.4 Schleuderballwurf**
- **7.5 Kugelstoßen**

KOHL VERLAG Leichtathletik für Kinder & Jugendliche SEKUNDARSTUFE • Bestell-Nr. 12 345

7 Werfen und Stoßen

7.1 Vielseitiges Werfen – Wurferfahrungen erweitern

Verschiedene Wurf-/Stoßarten lernen und anwenden

Den Medizinball in leichter Grätschstellung mit nach innen gerichteten Fingerspitzen unterhalb des Kinns vor der Brust halten, die Ellenbogen zeigen nach außen, der Oberkörper ist leicht rückgeneigt: Den Ball mit beiden Händen nach vorn wegstoßen.

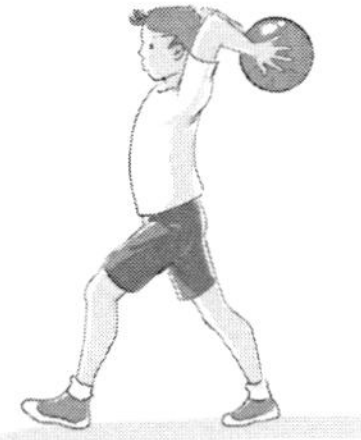

In Schrittstellung den Ball mit beiden Händen über Kopf nehmen und den Beidhandwurf nach vorn ausführen.

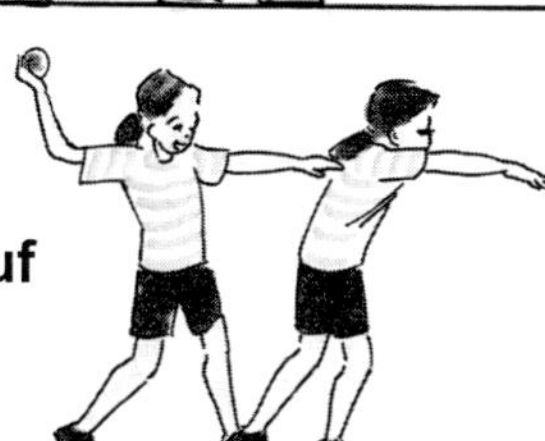

Der Schlagwurf aus dem Stand und später mit Anlauf ist gekennzeichnet durch die Schlagbewegung mit Unterarm und Hand.

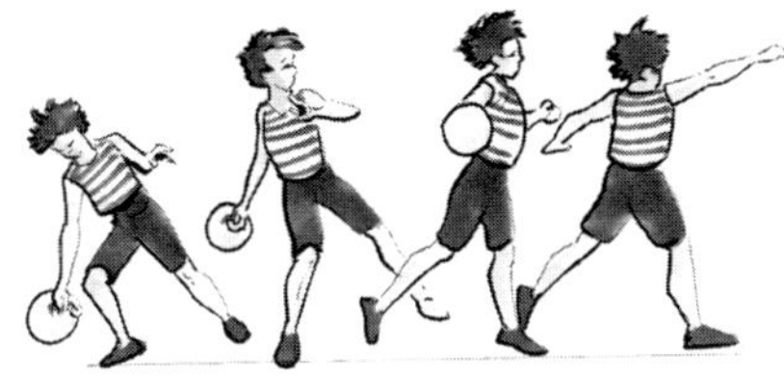

Mit einem **Schleuderball können die Grundlagen eines Drehwurfs** gut erarbeitet werden. Aus der Seitgrätschstellung den Ball ganz unten an der Schlaufe greifen und ihn ohne Zwischenschwung nach vorn-oben werfen.

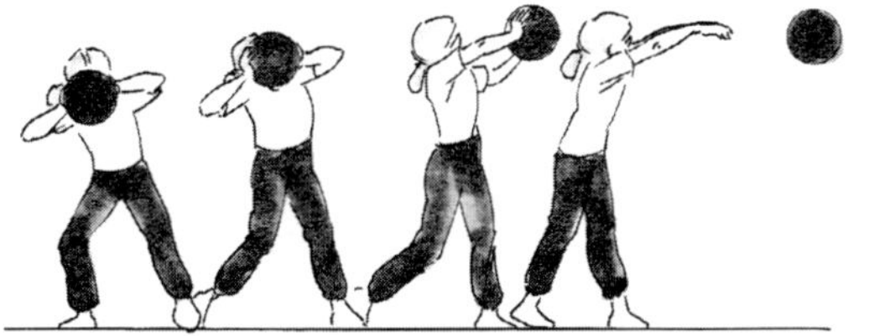

Aus der leichten Stoßauslage den **Medizinball nach vorn oben stoßen.**

Werfen mit unterschiedlichen Wurfgeräten

Staffelstab werfen (Schlagwurf) **Tannenzapfen werfen**	**Fahrradreifen schleudern** (Drehwurf) **Wurfringe schleudern**	**Medizinball werfen** (Druckwurf) **Gymnastikball werfen**
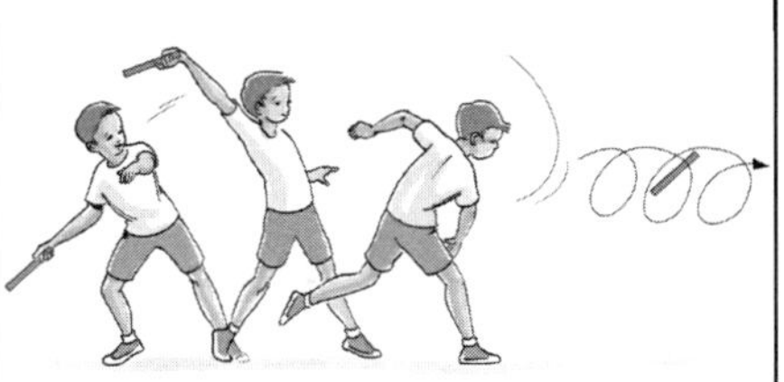	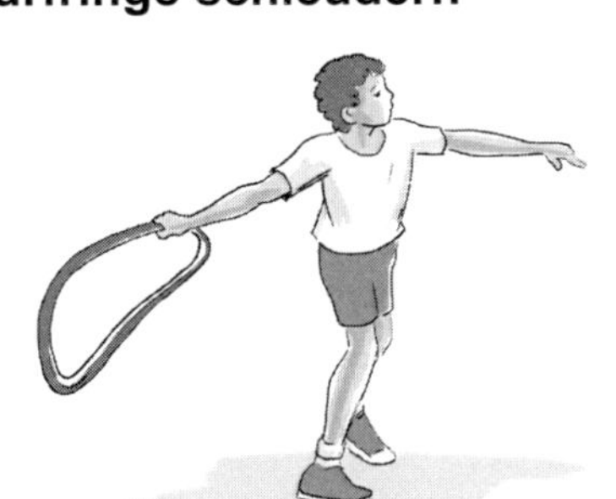	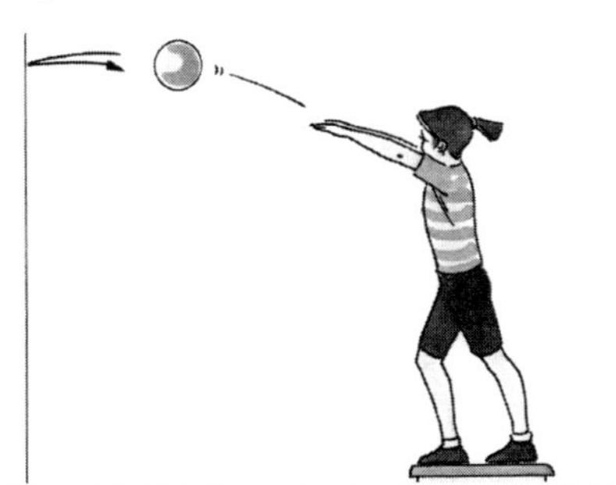
Hütchen werfen (Drehwurf)	**Tennisball nach vorn-unten auf den Boden werfen** (Schlagwurf)	**Fahnenstange werfen**
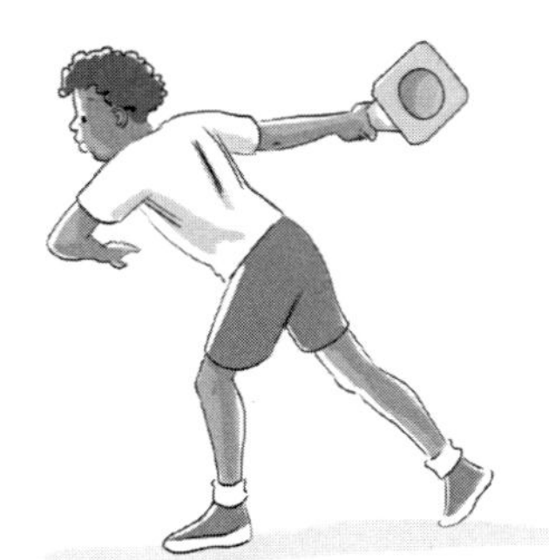	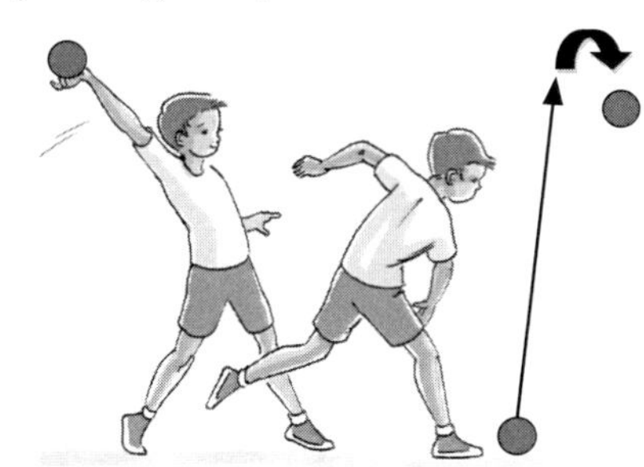	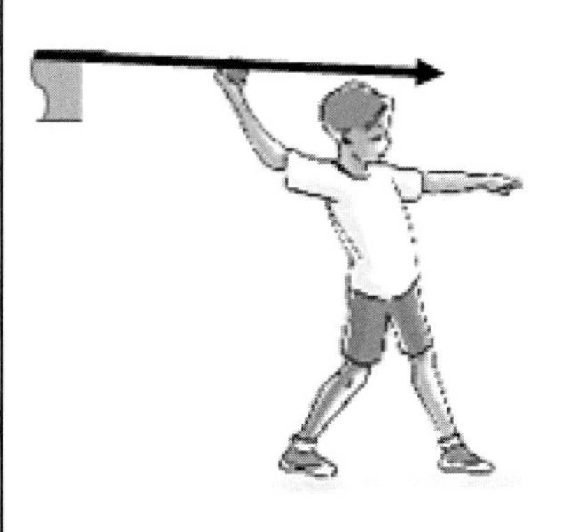

7 Werfen und Stoßen

Werfen aus unterschiedlichen Ausgangspositionen

Ballstoß aus der Bauchlage gegen die Sitzfläche der Bank

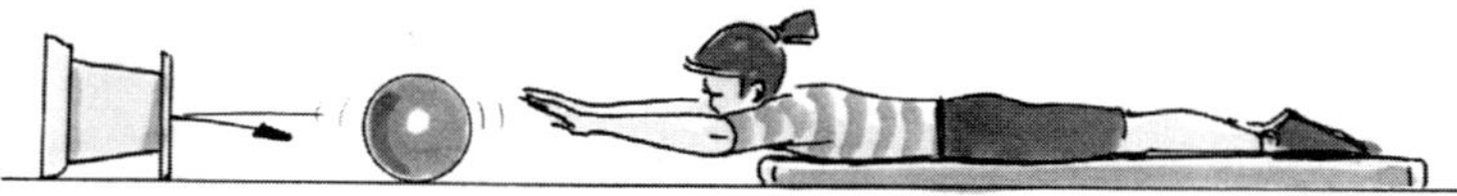

Druckwurf in der Bauchlage (Ballstoß) zum Partner.

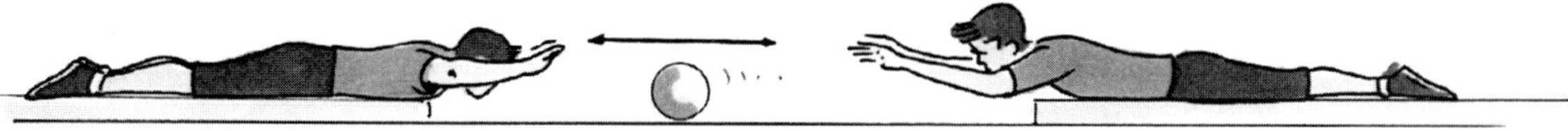

Ball so **gegen die Wand werfen**, dass der Partner den Ball fangen kann. (Schlagwurf)

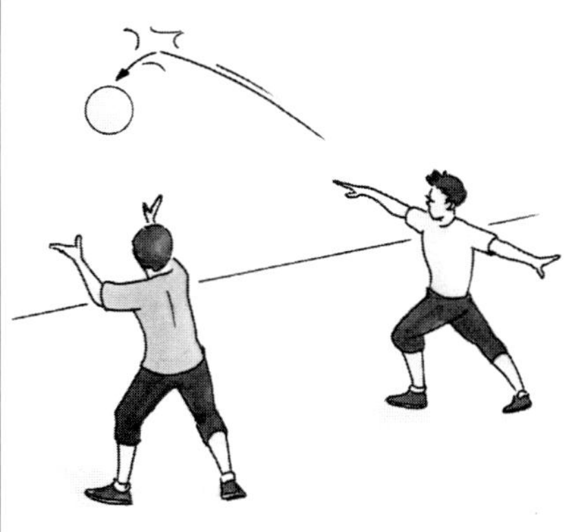

Grätschsitz im Reifen – Ballwurf gegen die Wand (Druckwurf)

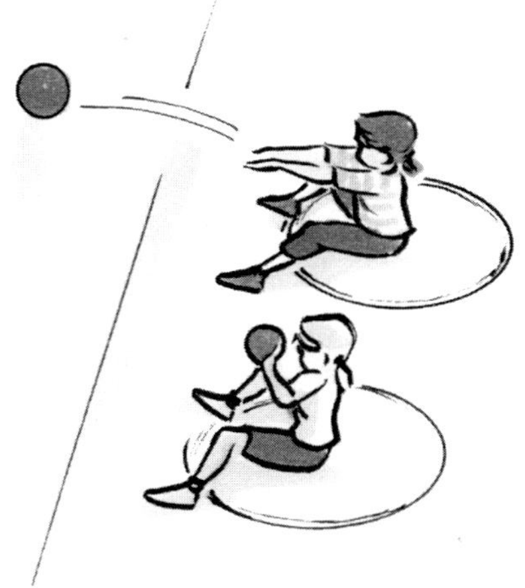

Den **Ball rückwärts durch die Beine** zum Partner werfen. Danach führen beide Schüler eine halbe Drehung aus, sodass nun der Partner den Ball rückwärts werfen kann.

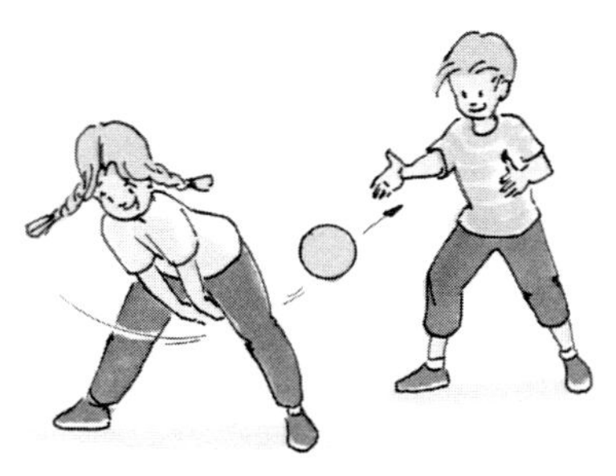

Stand: **Werfen nach Ballübergabe**

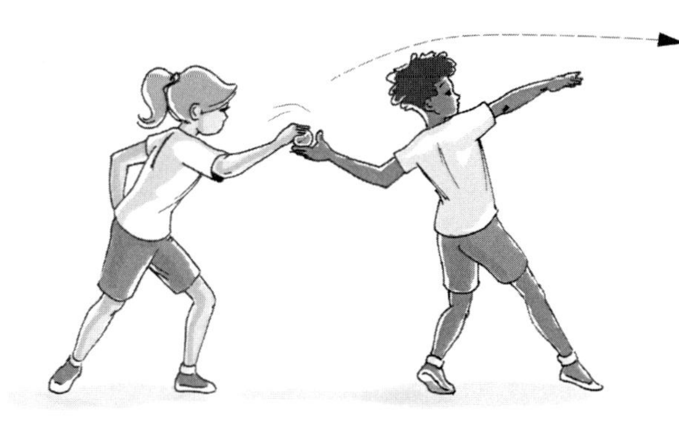

- **Kniestand: Staffelstab werfen**
- **Kniestand: Schlagball werfen**
- **Strecksitz: Schlagball werfen**

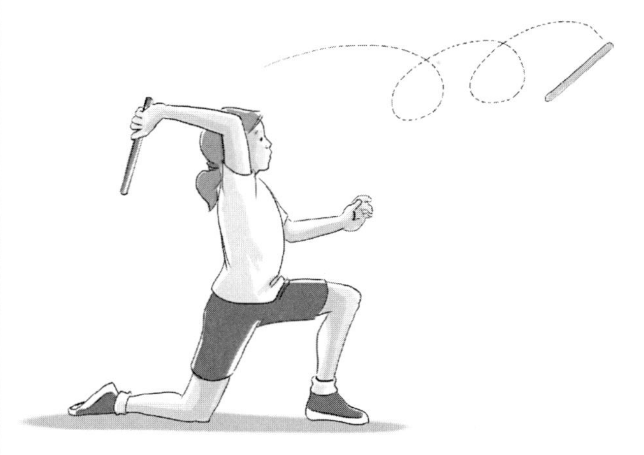

Leichtathletik für Kinder & Jugendliche
SEKUNDARSTUFE ■ Bestell-Nr. 12 345
KOHL VERLAG

Werfen mit unterschiedlichen Zielsetzungen

„Weit werfen" – Schlagballweitwurf in Wurfzonen
Die Schüler versuchen so weit wie möglich zu werfen. Wer hat nach 5 Versuchen die meisten Punkte? Das Treffen in die ausgelegten Reifen bringt zusätzlich 5 Punkte. (80 g und/oder 200 g Ball)

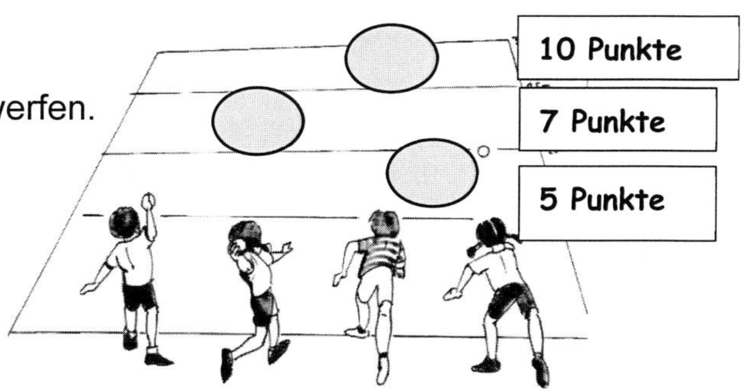

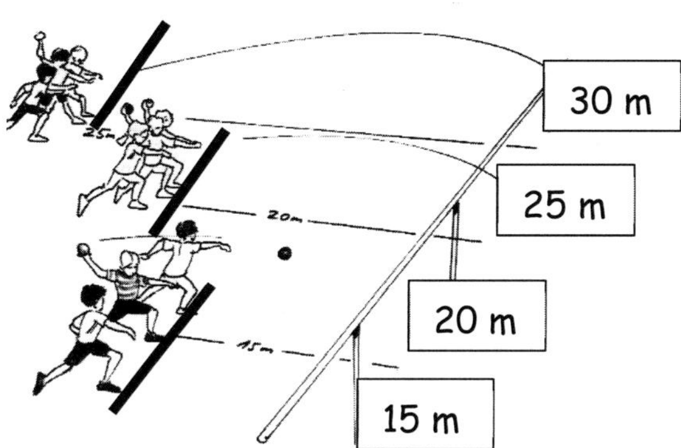

„Weit und zielgenau werfen" – Weitenorientierer mit Selbstkontrolle
Das Geländer des Sportplatzes bildet den Weitenorientierer, der überworfen werden muss. Die Schüler beginnen an einem Abwurfpunkt, von dem sie ohne Probleme über die Markierung werfen können. Wer es schafft versucht es anschließend vom nächsten Abwurfpunkt. (80 g und/oder 200 g Ball)

„Zielgenau werfen"
Die Schüler versuchen aus unterschiedlichen Abständen die Hütchen zu treffen.

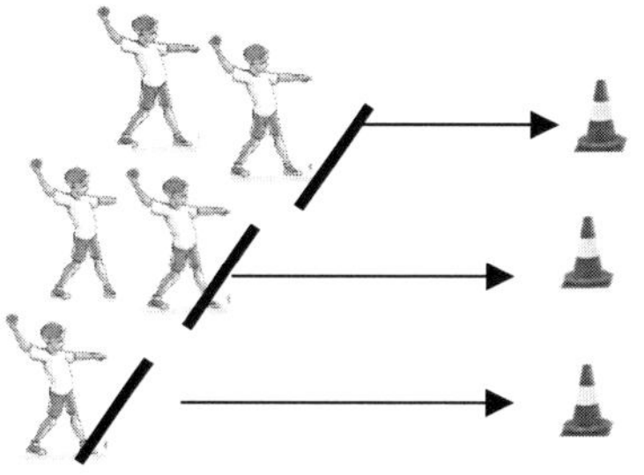

Zielwurf zum Partner durch einen gehaltenen Reifen

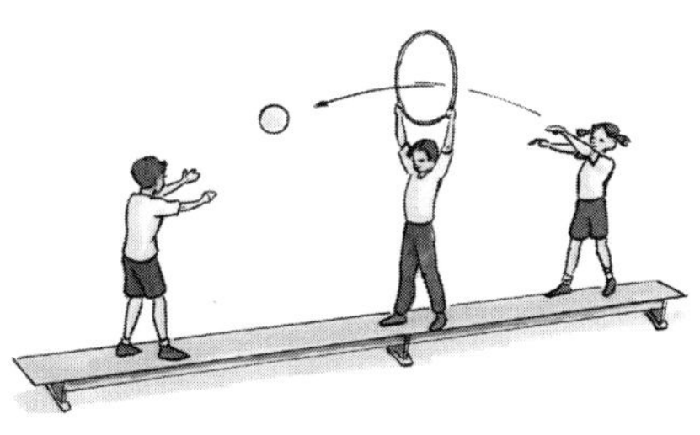

Zielwurf in den Basketballkorb – an das Brett

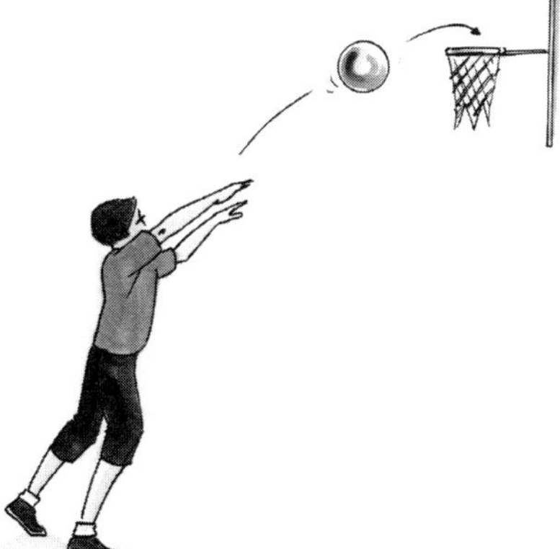

Fahrradreifen hoch über das Tor schleudern

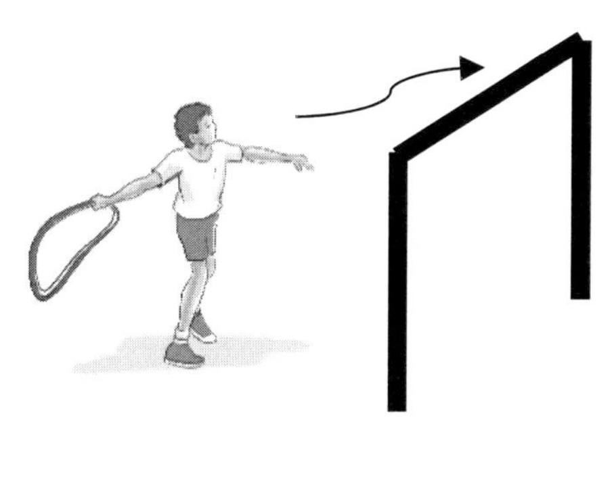

Schleuderball hoch und weit über das Tor werfen

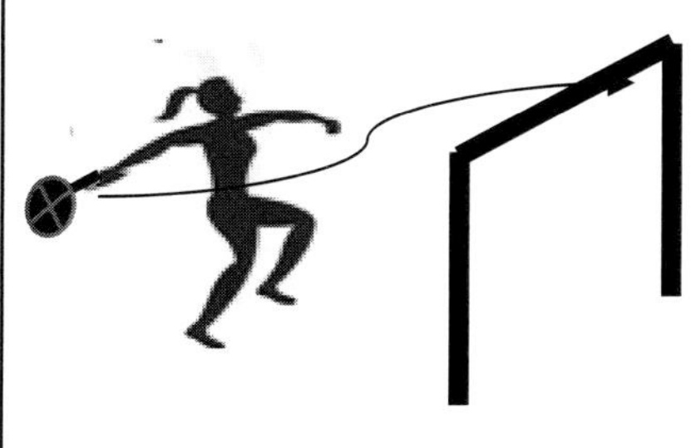

Zielwurf nach hängenden Reifen: Die Reifen werden an der Latte des Tores befestigt. Wer hat nach 10 Versuchen die meisten Treffer. (80 g und 200 g Ball)

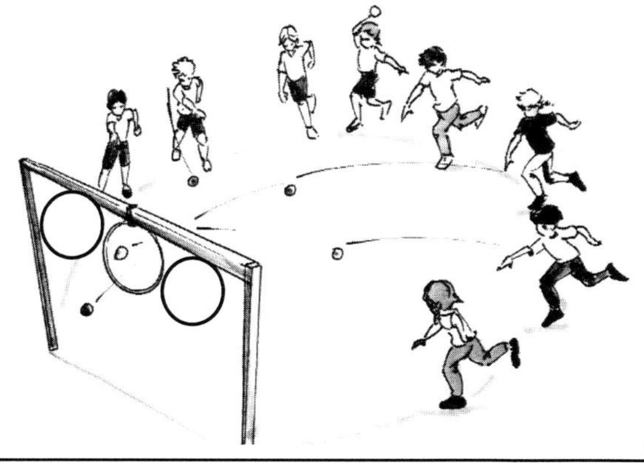

Leichtathletik für Kinder & Jugendliche SEKUNDARSTUFE – Bestell-Nr. 12 345 KOHL VERLAG

7.2 Schlagballwurf festigen und formen – mit Anlauf

Es ist davon auszugehen, dass die meisten Schüler Wurferfahrungen mitbringen und die Grobform des Schlagwurfes[1] schon in der Grundschule erlernt und angewendet haben, sodass nun das Festigen und Formen des Bewegungsablaufes sowie Werfen aus dem Anlauf im Mittelpunkt stehen. Besonders wichtig ist der fließende Übergang vom Anlauf zur Wurfauslage und zum Abwurf. Methodisch sinnvoll ist es, zunächst noch einmal den Standwurf zu wiederholen und danach die Dreischrittfolge schwerpunktmäßig zu üben.
Bei der folgenden methodischen Übungsreihe wird zunächst noch einmal der Schlagwurf in Partnerform wiederholt, wobei durch die Auswahl der Übungen der „peitschenartige Armzug" über den Kopf hinweg angesprochen wird.
Es folgt das schrittweise Heranführen an den Schlagballwurf mit Anlauf. Ein flüssiger Übergang zwischen Anlauf und Abwurf führt zu besseren Weiten. Es ist aber zu beachten, dass der Anlauf erst dann eingeführt werden sollte, wenn der Wurf aus dem Stand wirklich sicher beherrscht wird.

Methodische Übungsreihe
„Vom Wurf aus dem Stand zum Wurf mit Drei- und Fünf-Schritt-Anlauf"

1. Schlagwürfe aus dem Stand mit dem Partner
Der Ball soll dabei in einer markierten Zone aufprellen und danach möglichst dem Partner zuspringen, sodass er den Ball fangen kann.

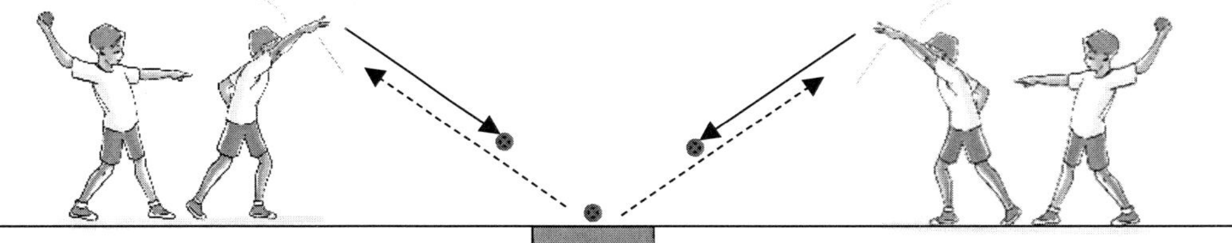

Hinweis: Bei dieser Übung kann noch einmal der „peitschenartige Armzug über den Kopf hinweg" geübt werden.

2. Prellwurf-Tennis
Zu zweit gegenüber den Tennisball so auf den Boden werfen, dass er über die Schnur springt. Der Partner versucht den Ball zu fangen und wirft danach genauso auf den Boden.

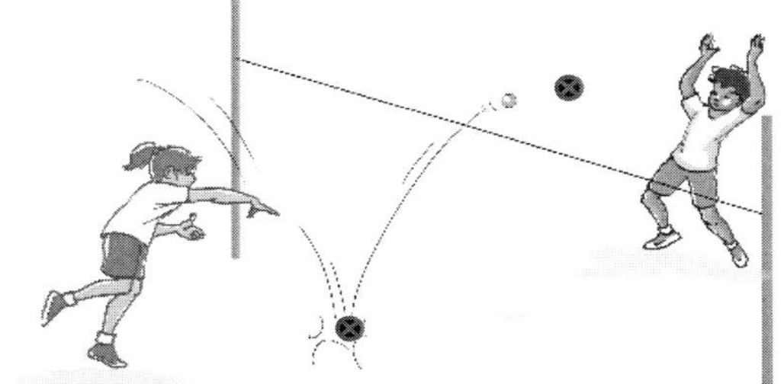

Hinweise: Die Schnur ist ca. 1,30 bis 1,50 m hoch. Die Schüler müssen den Tennisball kräftig auf den Boden werfen, damit er über die Schnur springt.

3. Standwurf mit Ballannahme
Der Übende steht in Schrittstellung und nimmt den Wurfarm zurück. Der Partner steht dahinter und übergibt den Schlagball in die Wurfhand. Der Übende fasst den Ball und wirft ihn am Kopf vorbei nach vorne ab.
Variation: Dieser Wurf ist auch möglich, wenn hinter dem Übenden mehrere Schlagbälle auf dem Boden liegen. Der Schüler neigt sich nach hinten, nimmt den Ball und wirft ihn sofort nach vorne ab.

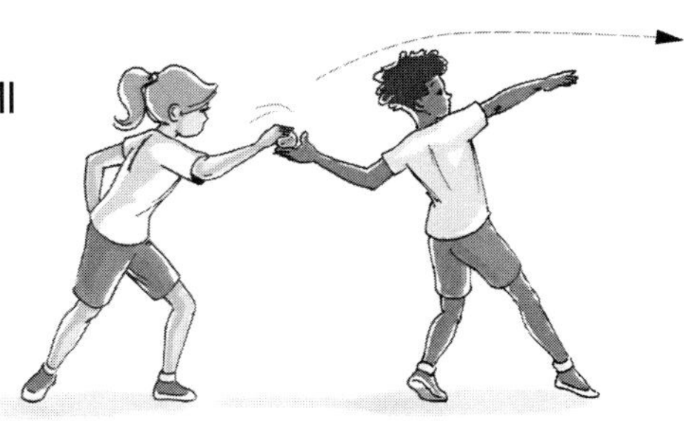

Hinweise: Standwürfe aus der Wurfauslage (Gegenbein vorn) sollten immer wieder geübt werden. Jeder wirft 5-mal, dann erfolgt Rollentausch.

[1] *Lütgeharm, R.: Grundschule – Leichtathletik für Kinder & Jugendliche, S. 65*

Methodische Übungsreihe
„Vom Wurf aus dem Stand zum Wurf mit Drei- und Fünf-Schritt-Anlauf"

4. Schlagballweitwurf mit drei Schritten Anlauf

Den ersten Schritt (Rechtswerfer) mit dem linken Bein ausführen und zugleich den Wurfarm und die Wurfschulter zurücknehmen. Der zweite Schritt mit dem rechten Bein sollte flach über den Boden (Impulsschritt) erfolgen. Der dritte Schritt führt in die optimale Wurfauslage – „Bogenspannung" – damit der Ball schlagartig am Kopf vorbeigeführt und abgeworfen werden kann.

Tipp: Evtl. den Arm von Beginn an hinten lassen, damit die Wurfarm-Streckung auch wirklich bewusst wird.

Variation: Den Anlauf schneller ausführen

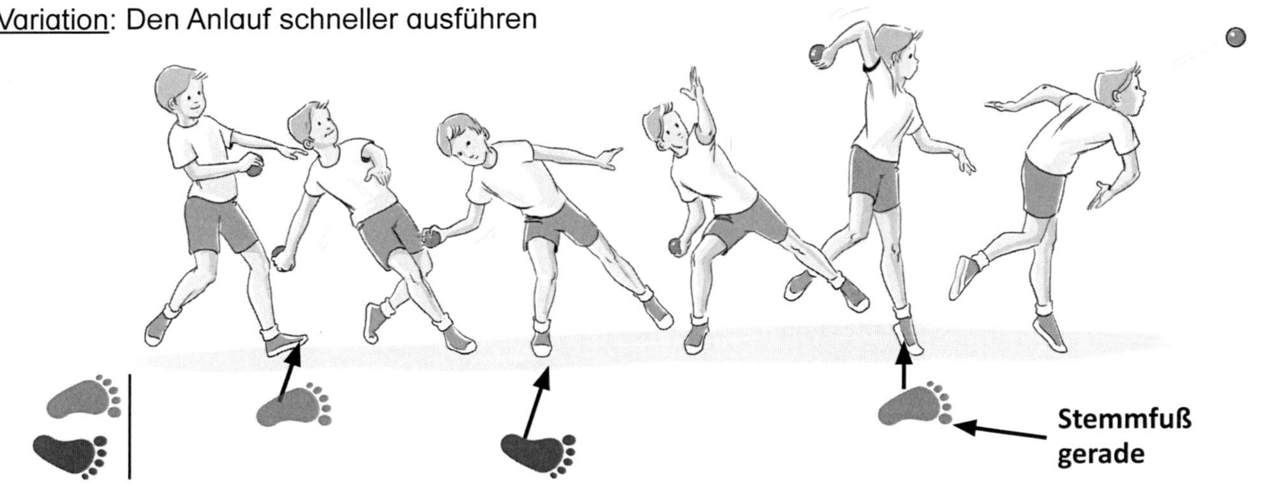

Hinweis: Bei den Wiederholungen hilft der Sportlehrer durch Zurufen, z.B.

- Impulsschritt = langer, flacher Schritt
- Wurfauslage = Gewicht auf dem hinteren Bein, Wurfarm fast gestreckt
- Abwurf = Bogenspannung – Ellenbogen voraus

5. Schlagballweitwurf mit fünf Schritten Anlauf

Bei fünf Schritten Anlauf etwas schräg stehen und anlaufen, der Stemmfuß muss aber gerade aufgesetzt werden.

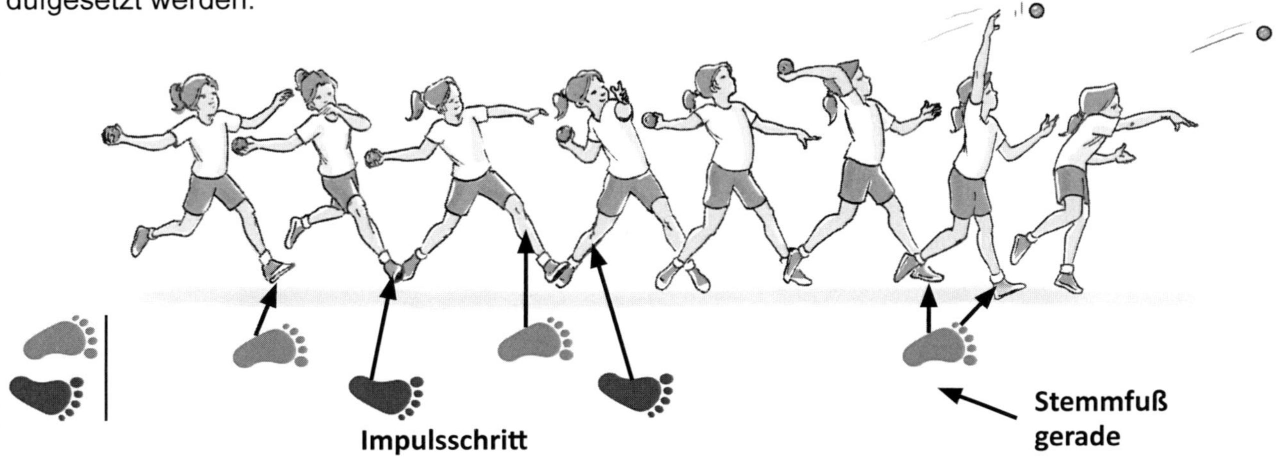

Hinweise: Evtl. den Anlauf mit fünf Schritten erst ohne Abwurf üben. Wird der Ablauf beherrscht, wird sofort auch mit Ball und Abwurf geübt.

Evtl. auch mit sieben Schritten Anlauf üben.

Beim weiteren Üben muss der Sportlehrer folgende Punkte beachten:

- Der flüssige Übergang zwischen Laufen und Abwurf ist besonders wichtig.
- Über den Impulsschritt gelangt der Übende in die Wurfauslage.
- Aus der Bogenspannung des Körpers erfolgt der „peitschenartige Armzug" über den Kopf hinweg mit dem Abwurf.
- Der Schwung des Körpers nach dem Abwurf wird mit dem rechten Bein durch ein flaches Umspringen aufgefangen.

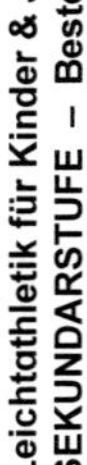

7.3 Speerwurf: Vom Schlagballwurf zum Speerwurf

Speerwerfen ist genau wie das Stabspringen eine „attraktive" Disziplin und hat für viele Schüler einen hohen Aufforderungscharakter.
Voraussetzung zum erfolgreichen Werfen mit dem Speer ist die Schlagwurfbewegung. Vielseitiges Werfen mit Schlag-, Wurf- und Tennisbällen, Staffel- und Wurfstäben schaffen die koordinativ-technischen Voraussetzungen für das Werfen mit Speeren.
Wurfgewandte Schüler lernen sehr schnell, mit dem Speer umzugehen.
Am Anfang des Lernprozesses/der methodischen Übungsreihe stehen deshalb noch einmal die „Schlagwürfe" mit unterschiedlichen Gegenständen. Hier bleibt es dem Sportlehrer überlassen, für welches Gerät bzw. welche Übungen er sich entscheidet. Wenn diese Würfe technisch richtig ausgeführt werden, kann das Erlernen der Grobform des Speerwerfens begonnen werden.
Voraussetzung zum Erlernen des Speerwerfens ist natürlich eine entsprechende Anzahl von Speeren, damit die Schüler auch häufig werfen können.
Für das Speerwerfen in der Schule eignen sich folgende Speere, die im Handel erhältlich sind: 400 g schwer, 1,85-1,95 m lang oder 500 g schwer, 2,00-2,10 m lang.

Beim Speerwerfen sind besondere Sicherheitsmaßnahmen zu beachten:
- Den Speer immer mit der Spitze nach unten halten und tragen!
- Bei jeder Wurfübung den Sicherheitsabstand festlegen und beachten!
- Es wird nur in eine Richtung und auf Kommando des Sportlehrers geworfen.
- Werfen in Gegenüberstellung ist verboten!
- Die Speere werden nach dem Abwurf auf Signal des Sportlehrers zurückgeholt.

Partnerübungen mit Speeren zur Gewöhnung und zum Warmmachen
- Den Speer waagerecht vor dem Körper halten und am oberen und unteren Drittel fassen. Den Speer nun jeweils nach links und rechts in die Senkrechte drehen.
- Die Partner stehen hintereinander: Die Speere (oder Gymnastikstäbe) sind in der Seithalte. Anheben in die Hochhalte, Absenken in die Tiefhalte usw.
- Die Partner stehen im Grätschstand zueinander: Die Speere (oder Stäbe) sind in der Tiefhalte – Seitheben der Arme, Rumpfvorbeugen und -drehen beider Partner nach rechts und links im Wechsel. (Die Arme folgen der Bewegung des Rumpfes.)

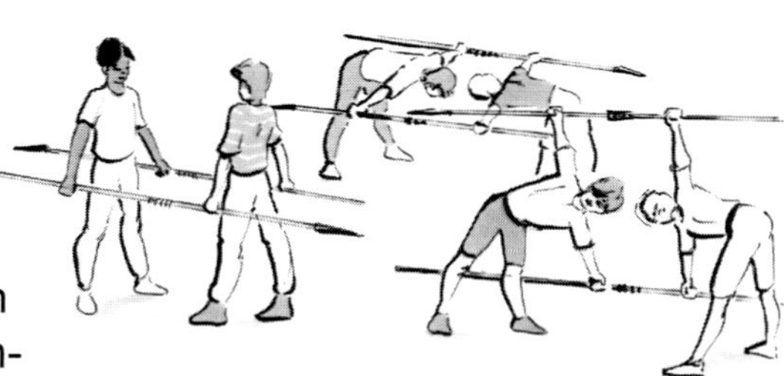

Die folgende methodische Übungsreihe beginnt mit dem „Fassen und Halten des Speeres".
Es folgen dann „Abwurfübungen" – die Schüler kommen schnell zum Werfen und machen erste Bewegungserfahrungen mit dem neuen Wurfgerät. Jede weitere Übung beinhaltet einen „Speerwurf", der zunehmend komplexer wird und die Grobform erreicht.

Methodische Übungsreihe „Vom Schlagballwurf zum Speerwurf"
1. Vorbereitung und Einstimmung: Werfen mit einem kurzen Holzstück/Staffelstab oder Wurfstab. 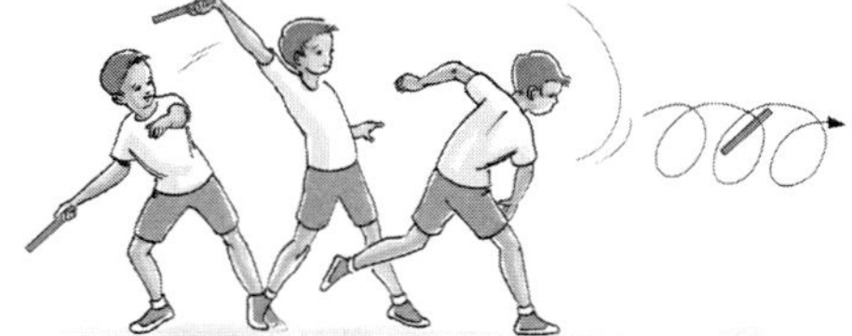
<u>Hinweis</u>: Beim geraden Wurf liegt der Stab senkrecht in der Luft und dreht sich um die eigene Achse mit hoher Geschwindigkeit.

Methodische Übungsreihe
„Vom Schlagballwurf zum Speerwurf“

2. Lernen der Griffhaltung

Der Speer steckt senkrecht vor dem Übenden im Boden. Der Schüler tritt an den Speer und lässt seine Wurfhand (meistens rechte Hand) am Schaft des Speeres hinabgleiten, bis der Zeigefinger an die Wicklung kommt – der Daumen liegt fast parallel am Schaft. Den Griff nun verstärken und den Speer so aus dem Boden ziehen und in die Waagerechte bringen.

Dieser Griff heißt „Daumen-Zeigefinger-Griff“.[1]

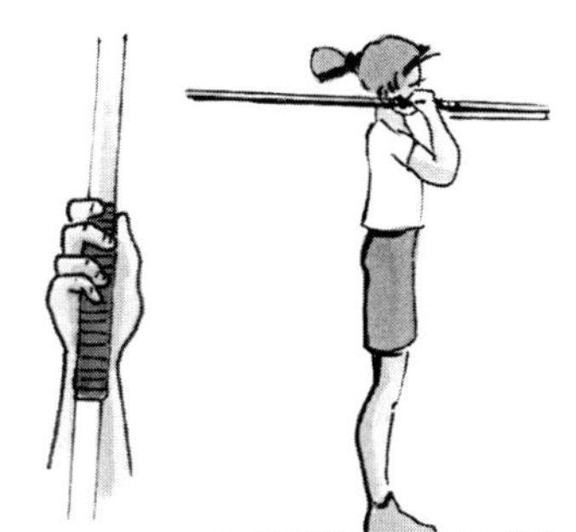

Hinweise: Die Schüler üben zu zweit oder zu dritt an einem Stab. Auf Abstand achten, wenn der Stab aus dem Boden gezogen und in die Waagerechte gebracht wird.

3. Abwurfhaltung

Der Schüler hebt den Speer leicht an – in Kopfhöhe. Die Speerspritze ist leicht geneigt und zeigt nach unten.

Hinweise: Die Griffhand befindet sich etwa neben dem Ohr, der Ellenbogen ist gebeugt. Die linke Hand ist am vorderen Drittel und fixiert den Speer.

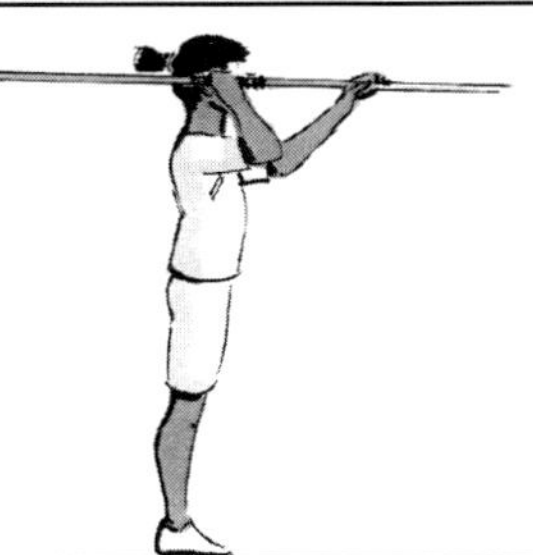

4. Wurf mit leichter Ausholbewegung

Parallele Fußstellung, der Speer wird in Kopfhöhe mit gebeugtem Ellenbogen und leicht nach unten zeigender Spitze gehalten. Die linke Hand fixiert kurz den Speer in dieser Haltung. Nun den Wurfarm (leichte Ausholbewegung) nach hinten nehmen und den Speer kräftig nach vorn-unten in die Böschung werfen.

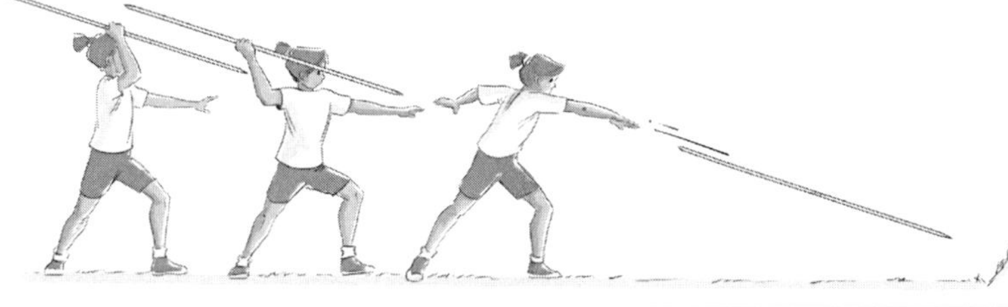

Hinweise: Das Werfen in eine Böschung hat sich erfahrunggemäß als erfolgsverstärkend erwiesen, weil der Speer meistens im Boden steckt!
Diese Übung einige Male wiederholen.

5. Wurf aus der Schrittstellung

In der Ausholbewegung wird die Wurfarmschulter zurückgenommen und danach der Speer mit einer „schlagwurfartigen“ Bewegung am Kopf vorbei in die Böschung geworfen.

Tipp: Der Abwurf des Speeres erfolgt aus einer leichten Bogenspannung des Körpers. Beim Abwurf des Speeres ist das vordere Bein gestreckt.

Differenzierung: Dieser Wurf muss intensiv geübt werden, weil er die Grundlage für die weiteren methodischen Schritte bildet. Wer diese Übung gut beherrscht, sollte die nächste Aufgabe versuchen.

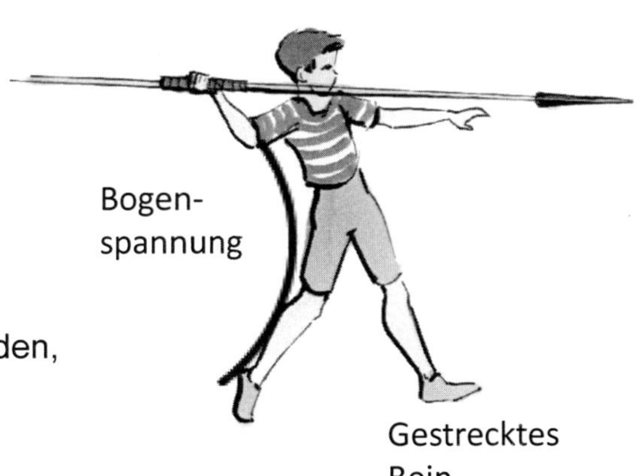

Hinweise: Beim Rechtswerfer steht der linke Fuß vorn, Griff wie bekannt, der Speer wird jetzt fast parallel zum Boden gehalten, Ellenbogen zunächst gebeugt.

[1] *Es gibt weitere Griffarten: Daumen-Mittelfinger-Griff und Zangengriff (Hier liegen Zeige- und Mittelfinger an der Wicklung.)*

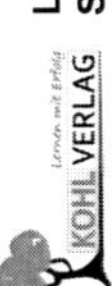

7 Werfen und Stoßen

Methodische Übungsreihe
„Vom Schlagballwurf zum Speerwurf“

6. Wurf mit einem Schritt

Der Schüler steht mit paralleler Fußstellung und hält den Speer mit gebeugtem Ellenbogen in Kopfhöhe. Nun führt der linke Fuß beim Rechtshänder einen Schritt nach vorn aus und leitet damit zugleich das Zurücknehmen der Wurfarmschulter und des Wurfarmes ein. Sofort danach erfolgt der Abwurf des Speeres mit einer „schlagwurfartigen“ Bewegung am Kopf vorbei. *Immer wieder ausführen, bis der Wurf immer sicherer wird.*

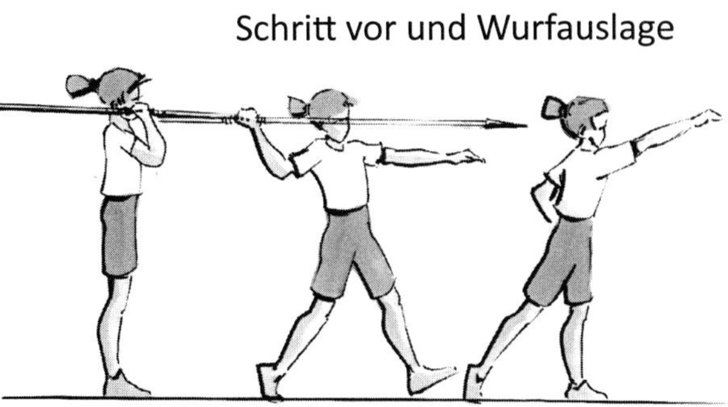

Hinweis: In der Wurfauslage ist der Arm fast gestreckt, der Körper geht in leichte Rücklage – dadurch entsteht eine Bogenspannung.
Tipp: Wurfauslage – Bogenspannung – Abwurf = Zugbewegung und Schlagwurf!

7. Zielwürfe als Steckwürfe

aus dem Stand oder mit einem Schritt ausführen. Die Reifen werden in einer Entfernung von 6-12 m ausgelegt.

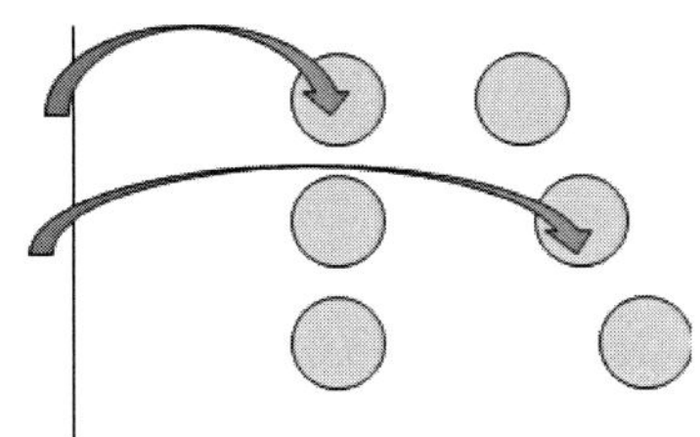

Hinweise: Die Reifen werden nebeneinander und mit unterschiedlichen Entfernungen ausgelegt. Die Schüler versuchen ihren Speer mit einem Steckwurf in einem der Reifen landen zu lassen.

8. Speerwurf aus dem Drei-Schritt-Rhythmus

Rechtshänder werfen mit Schrittfolge Links-rechts(Impulsschritt)-links(Stemmschritt) und Wurf.

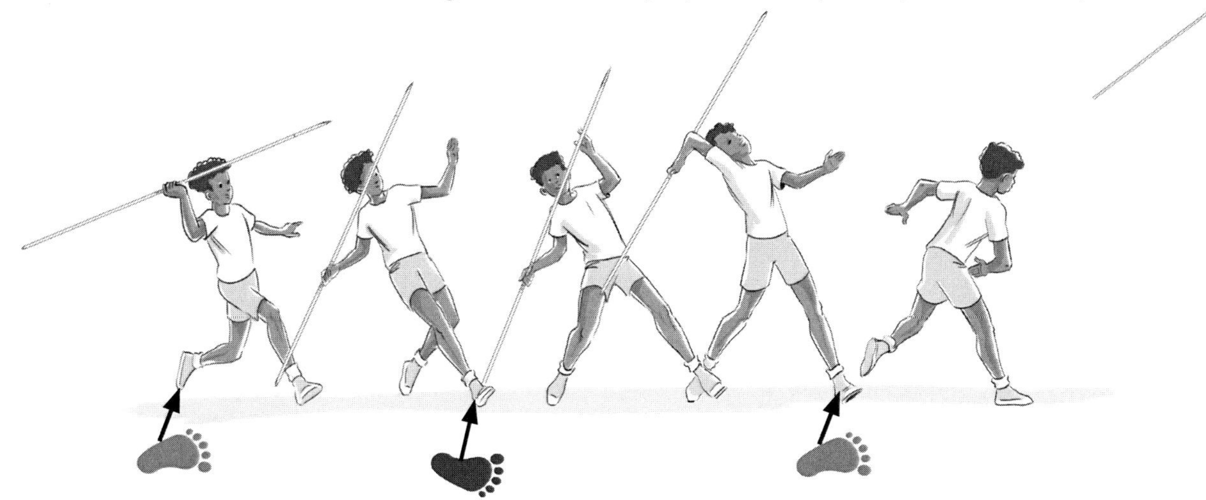

Hinweise: Der Drei-Schritt-Rhythmus ist den Schülern vom Schlagballwurf bekannt (Seite 63). Der Sportlehrer wird diesen Drei-Schritt-Rhythmus durch einige Schüler demonstrieren lassen und dabei auf die wichtigen Punkte hinweisen. Diesen Wurf immer wieder üben lassen.

Weitere Übungsformen zur Festigung und Formung

- Würfe mit Dreier-Rhythmus mit Betonung des Stemmschritts und/oder der Wurfauslage
- Würfe aus dem langsamen Laufen im Dreier-Rhythmus
- Würfe im Fünfer-Rhythmus – für besonders wurfgewandte Schüler
- Zielweitwürfe und/oder Zonenweitwürfe
- Würfe aus dem Stand und mit Drei-Schritt-Rhythmus im Vergleich
- Würfe mit unterschiedlich schweren Speeren

KOHL VERLAG Leichtathletik für Kinder & Jugendliche SEKUNDARSTUFE ▪ Bestell-Nr. 12 345

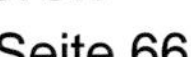

7.4 Schleuderballwurf: Erst drehen – dann werfen

Das Werfen aus der Drehung um die Körperlängsachse wird u.a. beim Schleuderballwurf angewendet und dient als Grundlage für das Werfen mit dem Diskus und dem Hammer.
Der Schleuderball ist ein ungewöhnliches Wurfgerät und weckt allein deswegen schon das Interesse der Schüler und man kann damit schon nach kurzer Eingewöhnungszeit weit werfen.
Der Schleuderball wird beim Rechtswerfer in der rechten Hand gehalten. Dabei gibt es Haltetechniken mit zwei, drei oder sogar vier Fingern. Die Schlaufe des Riemens wird im zweiten und dritten Fingerglied geführt.
Manche Schüler haben evtl. schon im Umgang mit alten Fahrradreifen, Tennisringen, Hütchen grundlegende Bewegungserfahrungen mit Drehwürfen gemacht.

Der Schleuderball ist ein 1-1,5 kg schwerer Vollball mit eingenähter Schlaufe und besteht aus Leder oder dickwandigem Gummimaterial.

Das Bewältigen einer Drehung als Vorbereitung auf die sich anschließende Abwurfbewegung verbessert insbesondere die Orientierungs- und Gleichgewichtsfähigkeit.

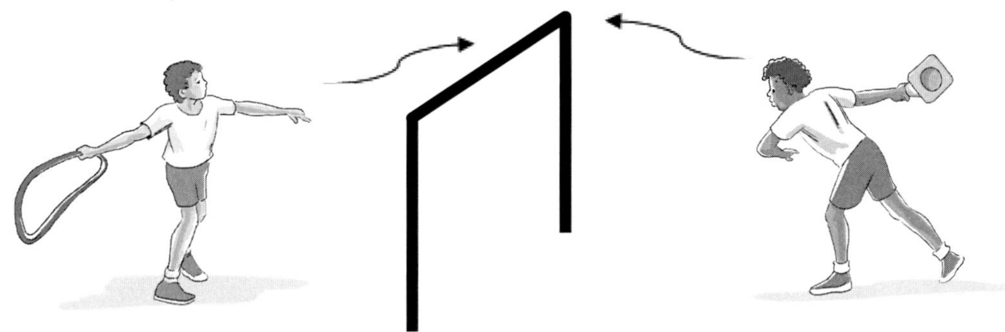

Methodische Übungsreihe „Erst drehen – dann werfen“

1. Schleuderballwurf mit kurzer Schlaufe
Der Werfer steht in Seitgrätschstellung, d.h. beim Rechtshänder zeigt die linke Schulter in Wurfrichtung. Der Ball liegt hinter dem rechten Fuß. Der Schüler greift den Ball ganz unten an der Schlaufe (dort, wo Schlaufe und Ball verbunden sind) und wirft ihn sofort nach vorne ab (ohne Zwischenschwung!).

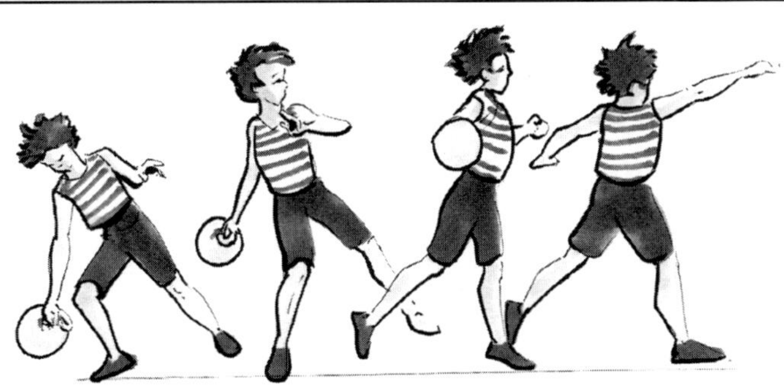

Hinweise: Mehrmals wiederholen, bis der Bewegungsablauf immer sicherer wird.
Damit ein oftmaliges Wiederholen möglich wird, stehen sich immer 2 Schüler mit ausreichendem Abstand gegenüber.
Ganz wichtig ist auch der seitliche Sicherheitsabstand (ca. 5-7 m).

2. Ablauf wie vorher, aber mit betontem Hüft- und Armeinsatz – dem Ball lange „nachlangen".

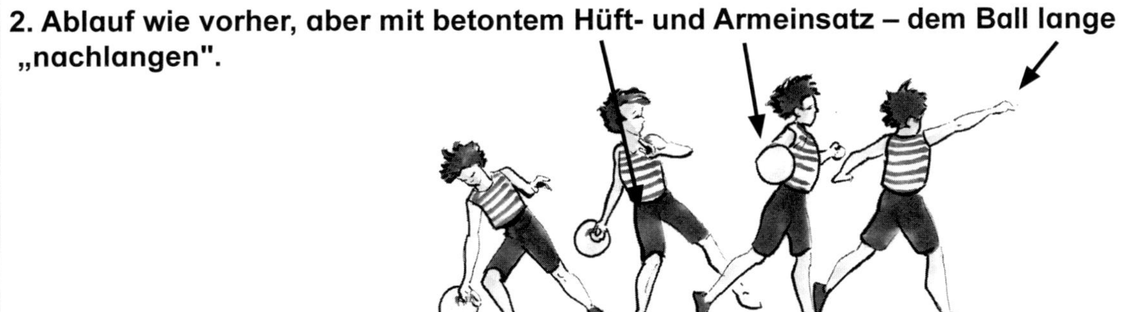

Hinweise: Darauf achten, dass beim Wurf zunächst der Hüfteinsatz (Hüfte vorbringen), dann die Schulter, dann der Wurfarm und danach der Ball zum Abwurf erfolgen.

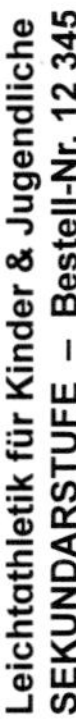

7 Werfen und Stoßen

Methodische Übungsreihe „Erst drehen – dann werfen““
3. Schleuderballwurf mit <u>einer</u> Auftaktbewegung Der Schüler führt jetzt vor dem Abwurf eine Auftakt-Schwungbewegung aus: Den Ball mit kurzgefasster Schlaufe von hinten-unten seitwärts nach vorn-oben zur hochgehaltenen linken Hand (beim Rechtshänder) schwingen, danach sofort wieder zum Ausgangspunkt zurückschwingen und anschließend den Ball wie gewohnt abwerfen. 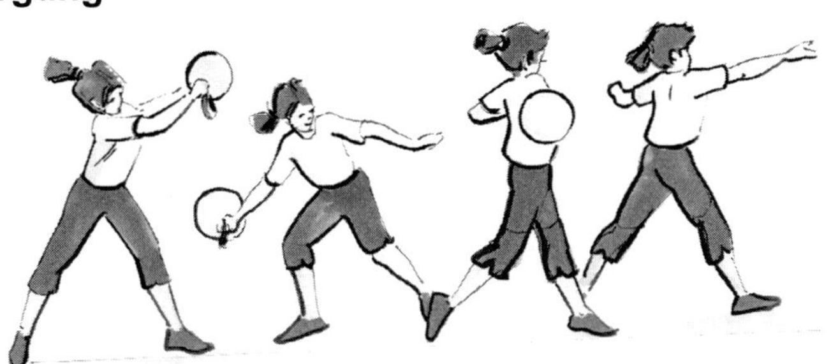
<u>Hinweis</u>: Das auftaktartige Schwingen nach vorn-oben muss in der gleichen Richtung wie der eigentliche Wurf erfolgen („Einfühlen“ in die Bewegung“).
4. Ablauf wie vorher, aber Werfen mit mittlerer oder langer Schlaufe <u>Hinweise:</u> Die Schlaufe des Schleuderballs liegt auf dem zweiten Fingerglied des Zeige-, Mittel- und Ringfingers. Der Daumen greift von oben auf die Schlaufe. Beim Wurf mit langer Schlaufe muss die Verbindung zwischen Wurfarm und der Schlaufe beachtet werden, d.h. die Schlaufe muss straff sein (= verlängerter Wurfarm). <u>Differenzierung</u>: Mit langer Schlaufe erst dann üben, wenn der Ablauf wie unter 3. beschrieben sicher ist.
5. Üben der Drehbewegung ohne Ball Die Drehung wird zunächst ohne Ball auf einer Linie geübt. Der Rechtshänder tritt aus der Seitgrätschstellung nach ½ Linksdrehung um das linke Standbein mit dem rechten Fuß wieder auf die Linie. Bei der folgenden weitergeführten ½ Linksdrehung dreht er auf dem rechten Fuß bis zur Abwurfrichtung und weiter zum Abwurf.
6. Schleuderballwurf mit Drehung Zuerst die Auftaktbewegung ausführen. Nachdem der Ball wieder den Ausgangspunkt erreicht hat (sich hinter dem rechten Fuß befindet) mit der Drehbewegung beginnen. 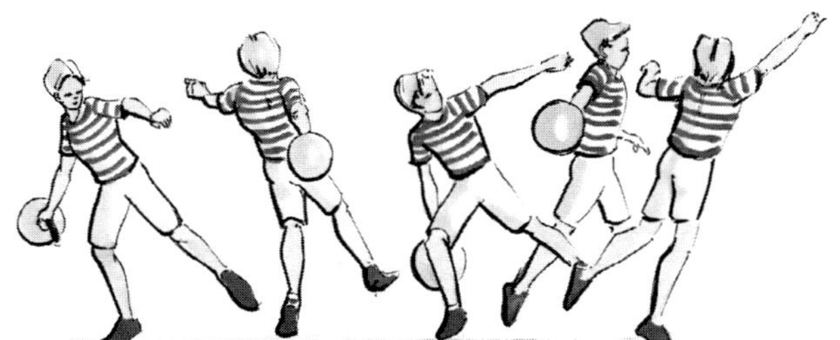
<u>Wichtige Hinweise zum weiteren Lern- und Übungsprozess:</u> (Individuell und gezielt einsetzen!) • Beim Abwurf eilt die Schulter voraus, der Wurfarm folgt nach, anschließend erfolgt die schlagartige Abwurfbewegung. • Insgesamt erfährt der Ball von Beginn der Drehung bis zum Abwurf eine stetige Beschleunigung! • Bei der Drehbewegung sind die Beine gebeugt, beim Abwurf gestreckt. • Die Drehbewegung erfolgt gradlinig. • Die Schritte der Drehung müssen raumgewinnend sein (Vorwärtsbewegung).

Werfen und messen: Schlagballwurf (80 g), Ballwurf (200 g), Schleuderballwurf (1 kg)
Geworfen wird nur in eine Richtung. Jeder Schüler hat drei Versuche. Die Abwurflinie wird durch eine Linie oder Markierungen am Boden gekennzeichnet. Berühren oder Übertreten der Abwurflinie zählt als Fehlversuch. Als Leistung wird die im rechten Winkel zur Abwurflinie ermittelte Entfernung der Aufschlagstelle gemessen.
Den Wertungstabellen entsprechend sollte in halben Metern gemessen werden.

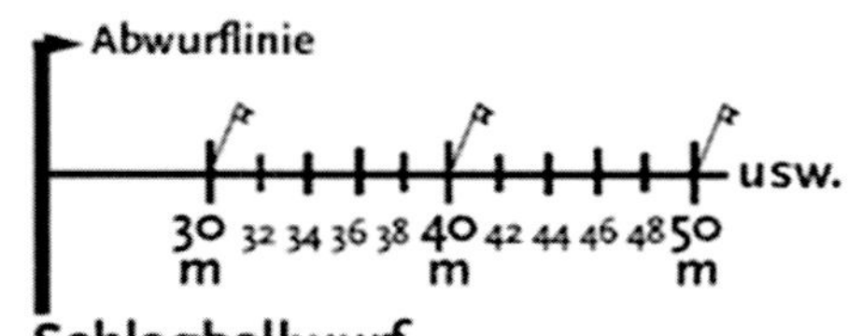

Markierungen durch Schilder und Pylone – evtl. schon ab 15/20 m aufwärts

7.5 Kugelstoßen: Vom Druckwurf zum Stoßen

Schon mit 10-12jährigen Schülern kann die Grobform des Stoßens aus dem Stand mit Medizinbällen ohne Probleme erlernt und geübt werden.
Besonders geeignet sind „springende" Medizinbälle aus Gummi oder gummiähnlichem Material mit einem Durchmesser von 18-22 cm und einem Gewicht von 800-1500 g. Sportlehrer kennen diese meist roten, kleineren Medizinbälle, die für Kinder und Jugendliche wegen ihrer Größe gut einzusetzen sind.

Speziell vorbereitende Übungen mit Medizinbällen:

1. Druckwurf zum Partner
Leichte Grätschstellung – den Medizinball mit nach innen gerichteten Fingerspitzen unterhalb des Kinns vor der Brust halten, die Ellenbogen zeigen nach außen, der Oberkörper wird leicht zurückgebeugt. Aus dieser Haltung den Medizinball kräftig zum gegenüberstehenden Partner stoßen.

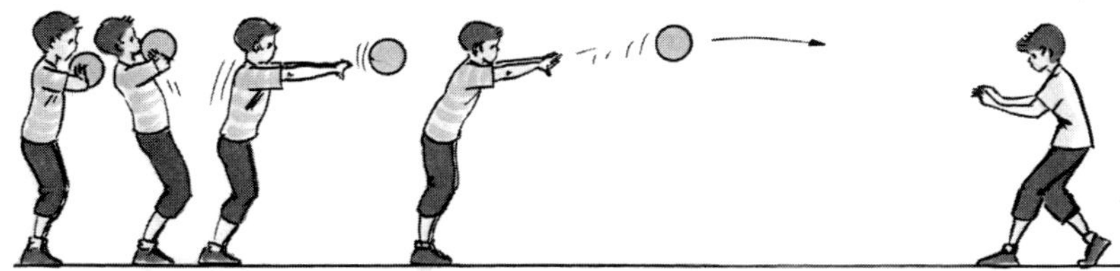

Hinweis: Ein auftaktartiges Beugen der Knie vor dem Wurf ist bewegungsunterstützend. Etliche Wiederholungen ausführen.

2. Stoß zum Partner
Der Rechtshänder führt mit dem gehaltenen Ball eine Vierteldrehung nach rechts aus, wobei der rechte Fuß nur leicht mitdreht, während der linke Fuß angehoben und mit dem Fußballen vor dem Körper neu aufsetzt wird, sodass nun die linke Körperseite in Stoßrichtung zum Partner zeigt. Gleichzeitig das rechte Knie leicht beugen, sodass das linke Bein nur noch mit der Fußspitze den Boden berührt. Aus dieser Stellung stößt der Schüler den Ball zum Partner.

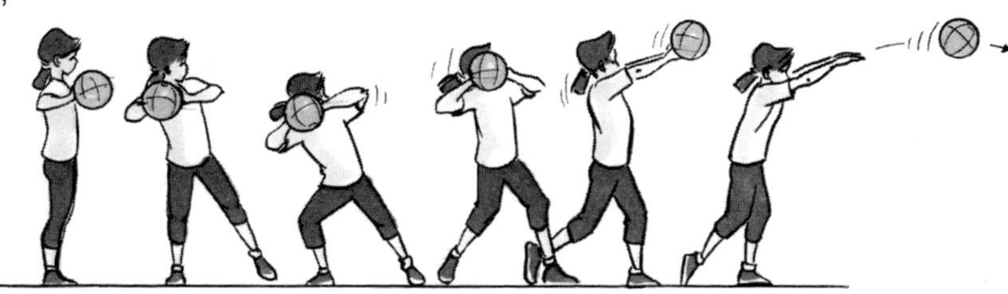

Hinweise: Diese Übung einige Male wiederholen, bis sie zunehmend sicherer wird.
Darauf achten, dass die rechte Hand (beim Rechtshänder) wirklich stößt (hinter dem Ball ist), die linke Hand hat nur eine Haltefunktion.

Methodische Übungsreihe „Vom Druckwurf zum Stoßen"

1. Fassen der Kugel
Die drei mittleren Finger liegen ziemlich dicht zusammen, Daumen und kleinerer Finger sind ein wenig abgespreizt.
Die Kugel wird beim Rechtshänder anschließend an der rechten Seite des Halses nahe dem Schlüsselbein angelegt.
Ober- und Unterarm verlaufen schrägtief.

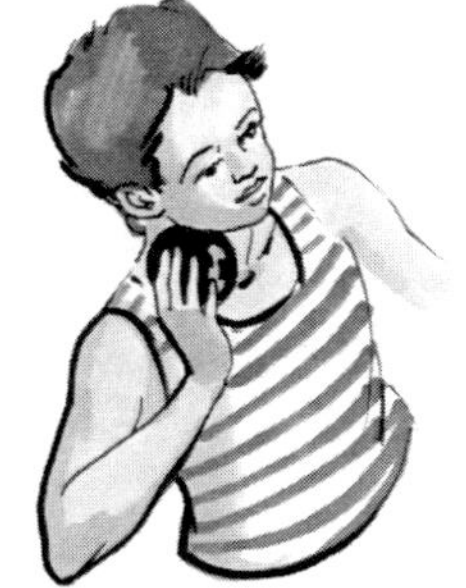

Hinweise: Der Sportlehrer zeigt zunächst die richtige Kugelhaltung und kontrolliert sie danach bei den Schülern.

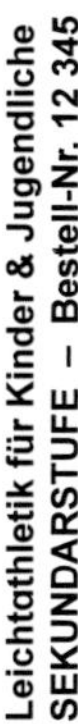

Methodische Übungsreihe „Vom Druckwurf zum Stoßen“

2. Stoßauslage und Standstoß – Einnehmen der Stoßauslage:
Der Schüler steht in leichter Seitgrätschstellung, die linke Körperseite (beim Rechtshänder) zeigt in die Stoßrichtung, Kugelfassen wie vorher.

Standstoß: Auftaktartiges leichtes Beugen des rechten Knies und danach die Kugel nach vorn-oben hinausstoßen.

Leichtes Beugen

Diese Übung etliche Male ausführen, bis der Stoß immer sicherer wird.

Tipp: Das Stoßen über eine im entsprechenden Abstand gespannte Zauberschnur unterstützt die gestellte Aufgabe.

Differenzierung: Der Standstoß muss gewissenhaft geübt werden, weil er die Grundlage für die weiteren methodischen Schritte bildet.
Erst wer diese Übungsform „gut“ beherrscht, sollte sich an das „Umspringen“ heranwagen.

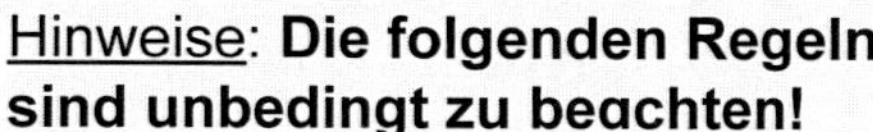

Hinweise: **Die folgenden Regeln sind unbedingt zu beachten!**
Die Schüler stellen sich in Gruppen hintereinander an der Kugelstoßanlage auf dem Hartplatz auf. Gestoßen wird nur in eine Reichtung und auf Kommando des Sportlehrers. Immer auch auf ausreichenden Abstand zwischen den Schülern achten. Das Zurückholen der Kugeln erfolgt nur auf Kommando des Sportlehrers.

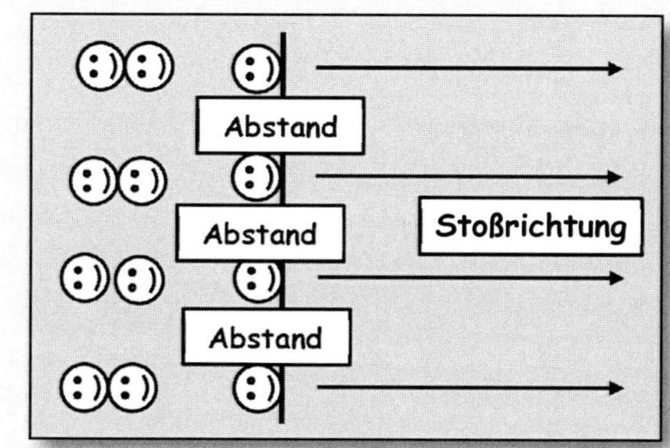

3. Stoß mit „Umspringen“
Ausgangsstellung: Das rechte Bein wird belastet (auftaktartiges Beugen im Kniegelenk), das linke Bein berührt mit der Fußspitze den Boden.

Stoß: Aus dieser Stellung erfolgt der Umsprung – „von rechts über links auf rechts“. Der Fuß des hinteren Beines landet dabei rechts neben der Stelle, die der vordere Fuß vor dem Rückführen nach hinten verlassen hat.

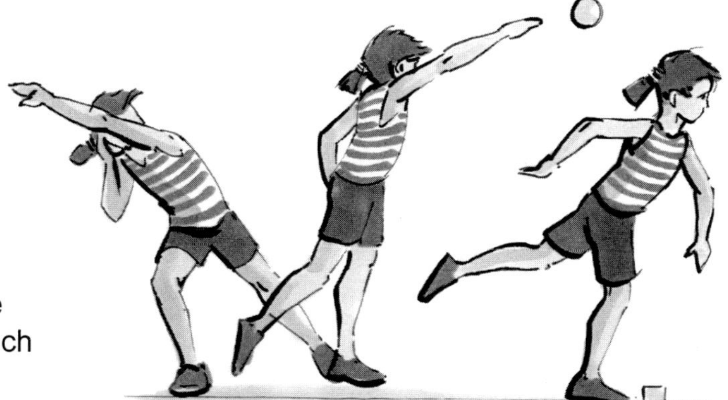

Hinweise: Beim „Rechtsstoßer“ wird die Kugel durch das Strecken der Beine, ausgehend vom Fuß-, über Knie- bis zum Hüftgelenk und den Einsatz der rechten Schulter und des Stoßarmes nach vorn-oben „hinausgestoßen“.
Darauf achten, dass die Kugel gestoßen und nicht geworfen wird.

Tipp: Der Standstoß mit „Umspringen“ ist für Schüler evtl. die Zielübung. Damit kann man schon recht beachtliche Weiten erzielen. Evtl. hier weiter differenzieren.
Durch Demonstrationen gelungener Standstöße werden die wichtigsten Phasen des Standstoßes noch einmal angesprochen und veranschaulicht.

Leichtathletik für Kinder & Jugendliche
SEKUNDARSTUFE • Bestell-Nr. 12 345
KOHL VERLAG

Methodische Übungsreihe „Vom Druckwurf zum Stoßen“
4. Wie vorher, aber der Rücken zeigt schon immer mehr in die Stoßrichtung.
5. Stoßen mit Angleiten: Aus einer aufrechten Körperhaltung erfolgt ein leichtes Abbeugen des Rumpfes, danach gleitet der Körper durch Schwingen des linken Beines in die Stoßrichtung. Wenn sich das linke Bein zu senken beginnt, wird das rechte Bein schnell unter den Körper gezogen, man befindet sich in der Stoßauslage, aus der sich der Umsprung (wie geübt) anschließt. 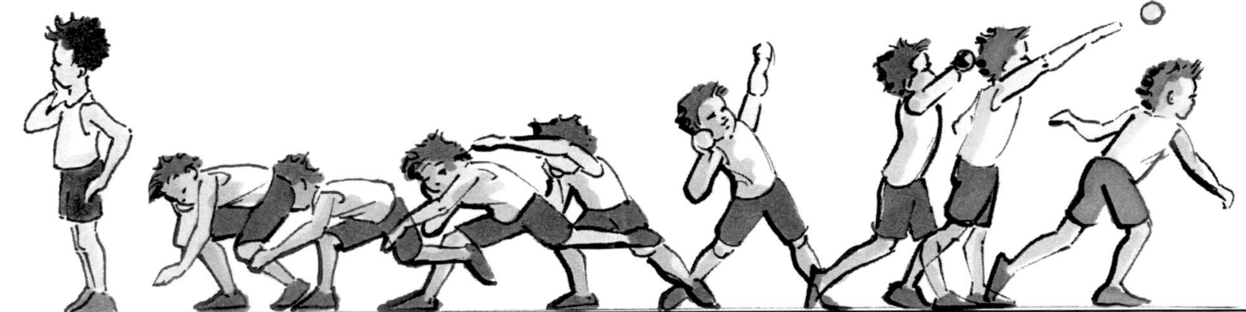
Hinweis: Diese Übung sollte nur besonders leistungsstarken und geübten Schülern angeboten werden. Tipp: Das Angleiten kann auch zunächst in Partnerform und ohne Kugel geübt werden. B ergreift mit beiden Händen den Unterschenkel/das Fußgelenk von A und unterstützt die Angleitbewegung durch leichtes Rückziehen des linken Beines von A.

Zur Kenntnis: Mit welcher Kugel stoßen die Jungen und Mädchen?

	Kugel 3 kg	Kugel 4 kg	Kugel 5 kg
Jungen 14-15 Jahre		*XXX*	
Jungen 16 Jahre			*XXX*
Mädchen 14-15 Jahre	*XXX*		
Mädchen 16 Jahre		*XXX*	

Kugelstoßen aus dem Stoßkreis

Jeder Übende hat drei Versuche aus dem Stoßkreis mit 2,135 m Durchmesser. An der Außenseite in der Mitte der vorderen Kreishälfte ist ein Abstoßbalken (1,22 m lang, 10,0 cm hoch, 11,4 cm breit). Wenn während des Versuchs irgendein Körperteil den Boden außerhalb des Kreises berührt oder auf den Kreisrand getreten wird, so gilt dieser als Fehlversuch. Der Übende muss den Kreis aus einem sicheren Stand nach hinten verlassen. Als Stoßleistung wird die Entfernung des vom Stoßkreis aus gesehen ersten Abdrucks der Kugel am Boden vom inneren Kreisrand gemessen. Das Messband wird hierzu über den Mittelpunkt des Kreises geführt.

Kugelstoßen – Ablesen der Leistung

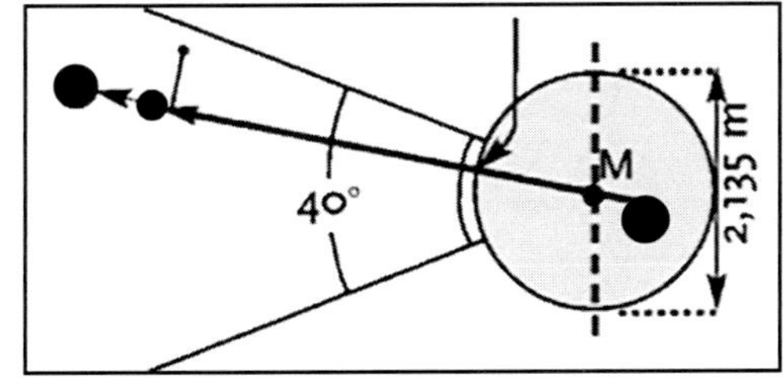

7.6 Wertungstabellen Werfen und Stoßen zur Notenfindung – Vorschlag

Die nachfolgende Übersicht dient der Einschätzung der Wurf-/Stoßleistung und ist als Anregung (grobes Raster) für den Sportlehrer vor Ort zu verstehen. Natürlich müssen immer auch die individuellen Voraussetzungen und die Einsatz- bzw. Anstrengungsbereitschaft des jeweiligen Schülers bei der Notenfindung berücksichtigt werden.

JUNGEN

NOTE	11 J., Kl. 5		12 J., Kl. 6	13 J., Kl. 7	14 J., Kl. 8			15 J., Kl. 9		16 J., Kl. 10	
	Ball 80 g	Ball 200 g	Ball 200 g	Ball 200 g	Ball 200 g	Schleuderball	Kugel 4 kg	Schleuderball	Kugel 4 kg	Schleuderball	Kugel 5 kg
1	40, 0	34,0	38,0	43,0	47,5	32,0	9,24	35,0	9,72	37,5	9,92
1-	39,0	33,0	37,0	42,0	46,5	31,0	9,00	34,0	9,48	36,5	9,68
1,5	38,0	32,0	36,0	41,0	45,5	30,0	8,76	33,0	9,24	35,5	9,44
2+	37,0	31,0	35,0	40,0	44,5	29,0	8,52	32,0	9,00	34,5	9,20
2	36,5	29,5	33,5	38,5	43,0	28,0	8,26	31,0	8,72	33,5	8,92
2-	34,0	28,0	32,0	37,0	41,5	27,0	8,00	30,0	8,44	32,5	8,64
2,5	32,5	26,5	30,5	35,5	40,0	26,0	7,70	29,0	8,16	31,5	8,36
3+	31,0	25,0	29,0	34,0	38,5	25,0	7,42	28,0	7,88	30,5	8,08
3	29,5	23,5	27,5	32,5	37,0	24,0	7,14	27,0	7,60	29,5	7,80
3-	28,0	22,0	26,0	31,0	35,5	23,0	6,86	26,0	7,32	28,5	7,52
3,5	26,5	20,5	24,5	29,5	34,0	22,0	6,58	25,0	7,04	27,5	7,24
4+	25,0	19,0	23,0	28,0	32,5	21,0	6,30	24,0	6,76	26,5	6,96
4	23,5	17,5	21,5	26,5	31,0	20,0	6,02	23,0	6,48	25,5	6,68
4-	22,0	16,0	20,0	25,0	29,5	19,0	5,74	22,0	6,20	24.5	6,40
4,5	20,5	14,5	18,5	23,5	28,0	18,0	5,46	21,0	5,92	23,5	6,12
5+	19,0	13,0	17,0	22,0	26,5	17,0	5,18	20,0	5,64	22,5	5,84
5	17,5	11,5	15,5	20,5	25,0	16,0	4,90	19,0	5,36	21,5	5,56
5-	16,0	10,0	14,0	19,0	23,5	15,0	4,62	18,0	5,08	20,5	5,28
5,5	14,5	8,5	12,5	17,5	22,0	14,0	4,34	17,0	4,80	19,5	5,00
6+	13,0	7,0	11,0	16,0	20,5	13,0	4,06	16,0	4,62	18,5	4,72
6	11,5	5,5	9,5	14,5	19,0	12,0	3,78	15,0	4,24	17,5	4,44

MÄDCHEN

NOTE	11 J., Kl. 5	12 J., Kl. 6	13 J., Kl. 7	14 J., Kl. 8			15 J., Kl. 9		16 J., Kl. 10	
	Ball 80 g	Ball 80 g	Ball 80 g	Ball 200 g	Schleuderball	Kugel 3 kg	Schleuderball	Kugel 3 kg	Schleuderball	Kugel 4 kg
1	25,0	27,0	29,0	27,5	21,0	7,38	21,5	7,66	22,5	7,70
1-	24.0	26,0	28,0	26,5	20,5	7,19	21,0	7,47	22,0	7,51
1,5	23,0	25,0	27,0	25,5	20,0	7,00	20,5	7,28	21,5	7,32
2+	22,0	24,0	26,0	24,5	19,5	6,81	20,0	7,09	21,0	7,13
2	21,0	23,0	25,0	23,5	19,0	6,62	19,5	6,90	20,5	6,94
2-	20,0	22,0	24,0	22,5	18,5	6,42	19,0	6,70	20,0	6,74
2,5	19,0	21,0	23,0	21,5	18,0	6,22	18,5	6,50	19,5	6,54
3+	18,0	20,0	22,0	20,5	17,5	6,02	18,0	6,30	19,0	6,34
3	17,0	19,0	21,0	19,5	17,0	5,82	17,5	6,10	18,5	6,14
3-	16,0	18,0	20,0	18,5	16,5	5,62	17,0	5,90	18,0	5,94
3,5	15,0	17,0	19,0	17,5	16,0	5,42	16,5	5,70	17,5	5,74
4+	15,0	16,0	18,0	16,5	15,5	5,22	16,0	5,50	17,0	5,54
4	13,0	15,0	17,0	15,5	15,0	5,02	15,5	5,30	16,5	5,34
4-	12,0	14,0	16,0	14,5	14,5	4,80	15,0	5,08	16,0	5,12
4,5	11,0	13,0	15,0	13,5	14,0	4,58	14,5	4,86	15,5	4,90
5+	10,0	12,0	14,0	12,5	13,5	4,36	14,0	4,64	15,0	4,68
5	9,0	11,0	13,0	11,5	13,0	4,14	13,5	4,42	14,5	4,46
5-	8,0	10,0	12,0	10,5	12,5	3,92	13,0	4,20	14,0	4,24
5,5	7,0	9,0	11,0	9,5	12,0	3,70	12,5	3,98	13,5	4,02
6+	6,0	8,0	10,0	8,5	11,5	3,48	12,0	3,76	13,0	3,80
6	5,0	7,0	9,0	7,5	11,0	3,26	11,5	3,54	12,5	3,58